Government Affairs Bot

The Application of RPA in Government Affairs

政务机器人

RPA的政务应用

主　编　石跃军

副主编　褚　瑞　马宇飞　汪冠春　胡一川

知识产权出版社

全国百佳图书出版单位

—北京—

图书在版编目（CIP）数据

政务机器人：RPA的政务应用/石跃军主编.—北京：知识产权出版社，2020.8（2020.9 重印）

ISBN 978-7-5130-7048-5

Ⅰ.①政… Ⅱ.①石… Ⅲ.①财务管理–专用机器人 Ⅳ.① F275 ② TP242.3

中国版本图书馆CIP数据核字（2020）第120033号

内容提要

流程自动化机器人（RPA）在政务信息化中的应用称为"政务机器人"，是一款基于桌面记录的自动化软件，具有代替人工执行批量化操作、无须修改原有系统架构、不改变现有业务系统处理逻辑、从UI层面进行"非侵入式"地连接不同系统、实现"虚拟"系统集成、支持低代码开发，部署快速灵活等特性，可为政务信息化的跨部门、跨系统调阅数据、迁移数据、应用协同提供一个简便易行、快速高效、低成本、低风险的的技术路径。本书立足于数字政府建设的大趋势，以政务信息化建设面临的问题为导向，理论联系实际，解析政务机器人的技术原理，描述政务机器人的实际应用，说明政务机器人的实施方法，是理论性和实践性兼备的政务机器人指导书籍，适用于政府部门的管理人员、业务人员、信息技术主管和信息技术人员。

责任编辑：张 珑 于晓菲　　　　　　　　　　责任出版：刘译文

政务机器人——RPA的政务应用

ZHENGWU JIQIREN——RPA DE ZHENGWU YINGYONG

石跃军 主编

褚 瑞 马宇飞 汪冠春 胡一川 副主编

出版发行：知识产权出版社 有限责任公司		网　址：http://www.ipph.cn	
电　话：010-82004826		http://www.laichushu.com	
社　址：北京市海淀区西外太平庄55号		邮　编：100081	
责编电话：010-82000860转8363		责编邮箱：riantjade@sina.com	
发行电话：010-82000860转8101／8029		发行传真：010-82000893／82003279	
印　刷：三河市国英印务有限公司		经　销：各大网上书店、新华书店及相关专业书店	
开　本：787mm×1092mm 1/16		印　张：17.5	
版　次：2020年8月第1版		印　次：2020年9月第2次印刷	
字　数：230千字		定　价：68.00元	

ISBN 978-7-5130-7048-5

编 委 会

序

　　我一边读着石跃军等人所著《政务机器人——RPA 的政务应用》一书，一边回顾电子政务发展的技术、建设、运维、使用的发展过程，深有感触：该书是在讨论当前发展阶段必须得到高度重视的一个新方向。

　　40 多年前，少数政府部门开始用计算机做统计或计算，拉开了电子政务发展的序幕。此后，在信息处理、网络、数据管理等技术的推动下，持续拓宽应用范畴、深化应用功能，不仅成为政府履职的必要工具，更成为提高国家治理体系和治理能力现代化水平的重要因素。

　　在数十年应用发展过程中，已经形成了系列化的方法论以及相应的开发工具和环境：以 TOGAF、EA 为代表的应用架构分析方法，以软件工程为代表的信息系统分析、设计、编码、文档形成等方法和工具，以自动编码、自动文档、数据分析、决策辅助等为代表的系统建设、运维和应用的自动化、智能化成果。

　　政务信息系统的应用提升了政府履行职责的效率、质量。应用系统分析、设计、开发、运行、维护的方法、工具、环境，提升了系统建设和运维的效率和质量，降低了成本。

分析几十年发展历程，就电子政务建设和发展的方法论和工具而言，我感到它正处于一个新的发展阶段，这个阶段不仅需要进一步发展完善已经形成的系统建设和运维的方法、工具，走向更加成熟的自动化、智能化开发环境；还需要将系统使用和发展的自动化和智能化作为电子政务的一个必要组成部分。

这一领域有三个主要内容。一是使用过程的自动化，逐步替代系统应用过程中人的工作量；二是详尽记录系统使用过程涉及的部门和事务，并设计恰当的分析框架和模型，通过记录的信息，对系统、政务流程基于应用场景的迭代优化提出建议或使之自动实现；三是通过设计恰当的标准和流程，自动记录应用场景需要积累的数据，实现政务数据积累的标准化、自动化。

电子政务应用系统建设、运维的自动化与智能化，使用、完善、优化的自动化与智能化，政务数据积累、规范的自动化与智能化三位一体，必将推动电子政务建设和发展的技术维度进入一个新阶段。该书介绍的政务机器人本质上就是反映了上述后两类自动化、智能化的新需求。

《政务机器人——RPA 的政务应用》一书不仅从技术层面介绍了其技术构成和实现方法，还讨论了其使用的范畴，并用实例解释了其应用的效果，值得一读。

我们已经看到政务机器人成功的案例，还应该举一反三，深入思考电子政务或数字政府、智慧政府建设和发展的模式和技术环境，为更加高效、高质、低成本的建设和发展，开创新路径。

是以为序。

杨学山

2020 年 7 月 23 日

前　言

机器人流程自动化（robotic process automation，RPA）是一种通过模拟人与应用软件系统的交互过程，实现由软件机器人自动化执行工作流程的技术应用，简单说，RPA 是一款基于桌面记录的自动化软件，它通过使用用户界面层中的技术，模拟人类行为，记录键盘鼠标动作并自动回放，从而代替人工执行计算机的批量化操作，出色完成大量重复性、定义清晰、有固定逻辑的工作。更重要的是，对于异构系统互联，RPA 是一种外挂式的、从用户界面层面进行"非侵入式"的系统打通，无需修改原有系统架构、不改变现有业务系统处理逻辑地连接不同系统，实现"虚拟"的系统集成。同时，支持低代码开发，部署快速灵活。RPA 在财务、银行等行业已有比较广泛应用，但在电子政务领域还是"养在深闺人不识"。

本书基于电子政务向数字政府建设转型的时代背景，阐述了数字政府对国家治理能力和治理体系现代化的重要支撑作用，指出数字政府的"命脉"是"数据"。以作者长期从事政府部门信息化工作实践的角度和各类政务活动的实际需求，研究数字政府建设所面临的最大痛点是跨地区、跨部门、跨系统、跨业务的信息互通不畅、数据传递复杂、业务协同困难等主要问题，结合 RPA 的技术原理和从基于规则在用户界面进行自动化操作的技术特性，用大量实例说明了在政务活动中，RPA 所具有的像人一样操作键盘鼠标、自动高效执行规则明确的重复任务、基于屏幕抓取异构系统数据、外挂方式不影响原有系统运行等出色功能，深入分析了 RPA 在异构系统之间数据交换的巨大潜力和与传统软件开发方式的效能比较，并在公共服务、市场监管、行政执法、跨部门业务操作等政务活动方面详细分析了政务机器人的可行性和可操作性，以十大案例实证 RPA 在跨部门、跨系统调阅数据、迁移数据、"虚拟"系统集成方面的能力，提出了一个简便易行、快速高效、低成本低风险的数字政府建设的技术路径。

本书第一章阐述电子政务转型数字政府的历史必然和重要意义，数字政府建设的框架、内容、技术支撑、发展趋势及当前面临的主要问题。第二章、第三章从 RPA 应用场景出发，详细描述 RPA 的功能、技术架构、系统构成等技术细节，以及建立、部署、运行 RPA 机器人的步骤。第四章、第五章从政务活动的角度出发，详细说明 RPA 机器人在数字政府建设中的作用和各种功能，以及如何分析、设计、实施 RPA，并以应用系统架构和开发模型为基准，研究分析 RPA 与传统软件开发的适用范围和时间、成本效能之比较。第六章是对 RPA 政务机器人的前景展望。第七章是笔者收集到的 RPA 在政务活动中的应用案例，他山之石，可以攻玉。

本书的编写，得益于中国计算机用户协会政务信息化分会（电子政务理事会）执行秘书长彭维民先生的精心谋划、有效组织和细致安排，得到北京来也网络科技有限公司及王永峰、吴薇薇、包啸虎、张青、张毅、杨明的技术支持，在此，表示衷心的感谢！

本书立足于数字政府建设的问题导向和信息技术发展前沿，理论联系实际，通俗易懂地解析了政务机器人的技术原理，深入浅出地描述了政务机器人的实际应用，清晰细致地说明了政务机器人的实施方法，是理论性和实践性兼备的政务机器人指导书籍，适用于政府部门的管理人员、业务人员、信息技术主管和信息技术人员。

目　录

第一章　电子政务转型与数字政府

一、国家治理体系现代化与数字政府

（一）电子政务的发展历程

电子政务是指政府部门在政务活动中，全面应用现代信息技术、网络技术以及办公自动化技术等进行办公、管理和为社会提供公共服务的一种管理模式。广义的电子政务，包括所有国家机构在内；而狭义的电子政务主要包括直接承担管理国家公共事务、社会事务的各级行政机关。

电子政务将管理和服务通过网络技术进行集成，实现组织结构和业务流程的优化重组，超越时间、空间与部门分隔的限制，全方位地实施对社会的管理职能，向社会提供优质、规范、透明的公共服务。电子政务使政府工作更公开、更透明、更有效、更精简，为企业和公民提供更好的服务。

中国的信息化建设起步可追溯到 20 世纪 80 年代初期，从国家大力推动电子信息技术应用开始，我国电子政务的发展经历了政府办公自动化、政府上网阶段、管理部门的信息化工程、电子政务推广应用和创新发展四个阶段。

政府办公自动化阶段（20 世纪 80 年代—1993 年）：这一阶段，各级政府部门开始探索（如文件电子化处理等）基础电子政务活动，政府办公使用计算机、传真机、打印机、复印机等现代办公设备和计算机技术、通信技术、网络技术等协助处理信息，从而提高办公效率和质量。

政府上网阶段（1993—2000 年）：亦是政府信息化启动阶段。这一阶段，随着互联网的普及，政府部门主要开始建设政府网站。政府网站除了在网上发布与政府服务项目有关的动态信息之外，还向用户提供某种形式的服务，典型的服务形式是用户可从网站上下载各种政务电子表格，但是仍然需要到政务机关去办理业务。这是政府与用户的单向互动阶段。

管理部门的信息化工程（2000—2010 年）：为政府信息化展开阶段。随着办公自动化应用和政府上网工程的全面推进，应用需求不断增多，需求的专业性不断增强，我国政务信息化其他一些应用也逐渐开始起步和推广。这一阶段，政府各部门、各行业专业领域信息化蓬勃发展，为推动国民经济信息化和社会发展而提出的计算机联网、应用工程在专业领域的应用先后上马，主要表现为"金"字工程建设。起步于"金桥""金关""金卡"的"三金工程"是以政府信息化为特征的系统工程，是我国电子政务发展的雏形。后来发展到"12 金"甚至更多，即金税、金财、金盾、金贸、金农、金保等。

发展阶段（2000 年至今）：2000 年 3 月，《国民经济和社会发展"十五"计划纲要》对信息化对国民经济和社会发展的作用提出了新的要求，即"以信息化带动工业化"，这一提法更加符合生产力发展的要求，符合经济社会发展的客观规律，也表示我国电子政务进入了全面推广发展阶段。2002 年 8 月，《国家信息化领导小组关于我国电子政务建设指导意见》将电子政务建设列为我国信息化建设的重点，政府先行，逐渐发展国民经济和社会信息化，该指导意见所提出的一套网络、四大资源、十二个重要业务系统（电子政务网络；人口基础信息库、法人单位基础信息库、自然资源和空间地理基础信息库、宏观经济数据库；办公业务资源系统、金关、金税、金融监管、宏观经济管理、金财、金盾、金审、社会保障、金农、金质、金水），推进了全国政务信息化的推广和发展。这一阶段以网络基础设施建设、信息资源建设、重点业务应用系统建设为主，逐步向信息共享，应用整合、跨部门协同、一体化工程、智能化应用，移动互联和"互联网+"的方向发展。

（二）电子政务的特点及发展趋势

1. 电子政务特点

我国政府的主要职能是经济调节、市场监管、社会管理和公共服务，而电子政务就是要将这四大职能电子化、网络化，利用现代信息技术对政府进行信息化改造，以提高政府部门依法行政的水平。对于传统行政方式，电子政务的最大特点就在于其行政方式的电子化，即行政方式的无纸化、信息传递的网络化、行政法律关系的虚拟化等。现阶段服务型政府的目标任务是强化社会管理和公共服务，电子政务使政府工作更公开、更透明，使政务工作更有效、更精简，为企业和公民提供更好的服务，重构政府、企业、公民之间的关系，使之比以前更协调，便于企业和公民更好地参政议政。

电子政务是一项复杂的系统工程，应该符合三个基本条件。第一，电子政务是必须借助于电子信息化硬件系统、数字网络技术和相关软件技术的综合服务系统。硬件部分包括内部局域网、外部互联网、系统通信系统和专用线路等；软件部分包括大型数据库管理系统、应用支撑系统、工作流系统、信息传输平台、权限管理平台、文件形成和审批上传系统、服务管理系统、用户管理系统等。第二，电子政务是处理与政府有关的公开事务、内部事务的综合系统。除此之外，也包括立法、司法部门及其他一些公共组织的管理事务，如检务、审务、社区事务等。第三，电子政务是新型的、先进的、革命性的政务管理系统。电子政务并不是简单地将传统的政府管理事务原封不动地搬到互联网上，而是要对其进行组织结构的重组和业务流程的再造。因此，电子政务在管理方面与传统政府管理之间有显著的区别。

电子政务是计算机、通信网络等信息技术在政务工作中的应用和发展的产物，它适应了网络经济、公共管理变革、管理民主化和公共部门服务水平提升的发展要求，具有循序渐进的发展特点。2006 年，国家信息化领导小组发布《国家电子政务总体框架》（见图 1.1），包括基础设施、管理体制、法律法规与标准化体系、信息资源、服务和应用系统五部分。电子政务基本框架的完整性是顺利推进电子政务的前提。电子政务基本框架是电子政务的顶层设计，它是自上而下的总体构想，是价值理念与操作实践之间的蓝图（见图 1.2）。

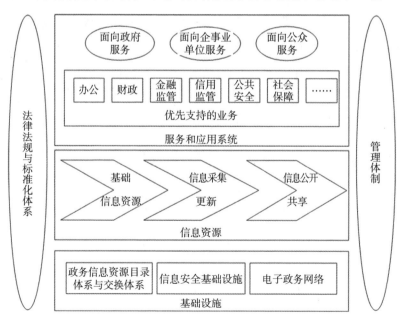

图 1.1　国家电子政务总体框架

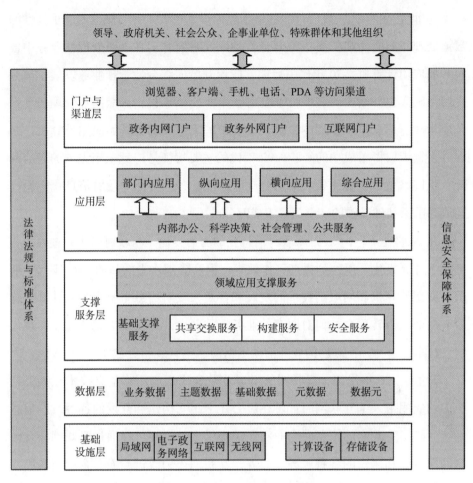

图 1.2　电子政务技术架构体系

2. 电子政务发展趋势

电子政务从政府内部的办公自动化到政府上网、政务信息发布，再到电子表格下载、在线投诉受理、网上受理办理等过程，是一个逐步深入的过程。电子政务的发展就其深度和广度而言，是一个从低级向高级、由局部向整体、从分散到集中的逐步推进的过程。

20 世纪 60 年代，政府部门的电子化建设，主要是针对规范的、重复性的数据处理，如会计和档案。70 年代发达国家政府部门在事务处理性业务中普遍开始应用计算机，70 年代中后期，应用开始向综合性管理业务发展，部分发展中国家也开始在政府部门中应用计算机。80 年代，局域网和管理信息系统成为政府信息技术应用的主流，发展中国家绝大部分开始应用计算机，并在许多领域取得了成功的经验。90 年代的主要特征是广泛采用先进的通信和计算机网络技术，应用领域渗透到政府职能的各个方面，政府信息化建设已经成为国家基础设施的一个重要组成部分。

在 20 世纪 80 年代之前，政府信息化的努力方向是将政府的业务过程（业务流）计算机化，以达到提高工作效率、提高管理水平的目的。80 年代中期随着微型计算机和局域网技术的发展和普及，政府信息系统开始从计算机化原有的业务流转移至如何对原有的业务流重新设计，以便更充分地发挥现代信息技术的潜力，使政府的业务活动更精简、更有效和更合理。

20 世纪 90 年代初，互联网的迅速普及和广泛应用将信息技术在人类社会中的应用带入了互联网时代。在过去几十年间构建和开发的各种政府信息系统，除了将政府的信息向企业和居民提供之外，还可以通过互联网实现政府面向企业和居民的各种服务。此外，互联网还为改进政府、企业与居民三者之间的互动，建立三者在信息时代的伙伴关系提供了新的技术基础。因此，政府信息化不再是政府内部的事情，而是要将政府的内部业务和与外部的互动作为一个整体来进行考虑，政府信息化也不再是在政府各部门的局域网内来设计和考虑的问题，而是要将其置于互联网和全球化这个大环境中来研究。由于有了全新的技术基础和一个与以前完全不同的大环境（包括企业和居民在内的、全球化的大环境），政府面临一个重新改造的问题，即如何利用包括互联网技术在内的信息技术对现有的、工业时代的政府形态和结构进行信息化的改造，使其能够适应于信息时代的要求。换句话说，就是要利用现代信息技术来构造信息时代的政府。这种改造的过程，就是电子政务形成和发展的过程。

在电子政务领域，20 世纪 90 年代，政府机构应用信息技术的目的是使现有的工作流程自动化，是为了提高工作效率和改善行政绩效，为了解决内部业务发展的需求，而不是为了改善与其他机构的信息交流和互动。因此，公民往往要向各机构多次重复申报个人信息，各机构之间也无法很好地共享这些信息。

进入 21 世纪以后，国家信息化建设被提到了新的战略高度。政府信息化不再局限于在计算机网络平台上对原有流程简单复制，而是结合政府管理体制改革，全面提升政府在市场经济条件下的职能。电子政务由部门式发展转变为全面的国家战略性发展，由过去以技术驱动为主转为业务需求驱动，并全面推广开来。

总体来看，我国电子政务发展的整体趋势是由离散化向集约化、整体化转变。纵向方面，"金关""金税"已经初步实现大系统整合，"金盾""金审"等已形成跨层级联动的大系统格局。横向方面，地方政府"你追我赶""百花齐放"，浙江和江苏以互联网＋政务服务为突破口，以群众和企业的服务需求为导向，倒逼省、市、县、乡四级的数字化水平全面提高。

将信息技术运用于政府管理，其主要目标在于使政府更好地履行服务于民的承诺，提高政府工作效率，降低政府管理成本，推动政府管理体制改革，构建整体政府、开放政府和智慧政府，这是电子政务的发展趋势。

（1）注重集约、整合与协同，积极构建整体政府。

从各国电子政务建设现状来看，在一体化的电子政务中实现政府治理的高效运作与业务协同、构建整体政府、实现政府协同治理已成为全球信息化发展的主要趋势。在构建整体政府中，管理层面的统筹规划与高效协同、服务层面的"一站式"无缝整合，技术层面的基础资源集约化建设与利用成为各国的普遍做法。

　　强化电子政务统筹与协调管理，有效发挥整体效能。为保障政府内部业务的顺畅运行和公共服务的无缝供给，全球电子政务建设都越来越注重强化电子政务的统筹规划和内部协调。

　　突出以用户需求为中心，实现高效便捷的"一站式"服务。以公众和社会需求为中心提供"一站式"服务是构建整体政府的典型特征之一。通过网络互通和平台整合，促进基础设施和共性应用的集约化发展。整合构建统一的政府公共网络平台成为电子政务集约化发展的大趋势。

　　（2）强化政府数据开放，着力打造开放政府。

　　数据开放一直是近年来多国践行信息公开的国家战略，政府开放数据运动已在全球逐步兴起，在国家层面制定战略及政策法规，建设数据开放门户网站，逐步向公众开放免费的可机读数据集，鼓励开发人员基于数据集开发应用程序，带动全社会创新，已成为大势所趋。《联合国 2018 年电子政务调查报告》显示，拥有政府数据开放门户网站的国家的数量达到 139 个，占联合国会员国的 72%，这些门户网站中的 84% 还提供了目录或元数据库，描述了数据的根本概念、方法和结构。

　　搭建数据开放平台，面向社会开放政府数据。2009 年 5 月，美国率先建立了政府数据开放网站 data.gov，旨在实现公众对联邦政府各机构形成的高价值、机器可读数据集的便捷存取，进而鼓励社会各界在海量数据的基础上进行创新性应用，这是全球第一个开放政府数据项目，它是一个数据仓库，目前拥有近 500 万个数据集，涵盖交通、经济、医疗、教育和公共服务及多种应用领域的数据。2010 年 1 月，英国政府开通了 data.gov.uk 网站，三年时间网站人均访问页面数就增长了 285%，总访问量比美国 data.gov 网站还要高，这表明公众对政府公开数据的需求快速增长。联合国 193 个成员国中，106 个国家建立了政务数据开放目录，46 个国家拥有专门的数据门户网站，44% 的欧洲国家建设了专门的数据公开平台。通过搭建数据开放平台，政府增强了信任度和透明度，满足了公众信息和数据需求，同时，积极鼓励社会力量对数据的开发利用，进一步激发了社会的创新潜力。我国对大数据的认识也不断加强。2006 年我国发布了《国家电子政务总体框架》，明确要建设国家电子政务网络、政府信息资源目录体系与交换体系和信息安全基础设施。2009 年至今，我国已经建成全国性的政府信息资源目录体系与交换体系基础设施。2015 年中华人民共和国国务院通过了《促进大数据发展行动纲要》，指出大数据在日常生活中发挥着越来越重要的作用。

开放政府应用程序接口，鼓励公众利用数据开展创新活动。仅靠数据访问是远远不够的，没有合适的工具，数据本身就没有价值，数据开放的工作重点从增加数据集数量，到注重开放平台和开发工具的提供。

（3）积极推动新技术新应用，加快建设智慧政府。

云计算、物联网、移动互联网、大数据、人工智能等新一代信息技术的发展，为电子政务的进一步发展提供了新的技术基础，电子政务建设正朝着数字化、智能化、人性化的方向发展，"智慧政府"建设成为电子政务发展的重要内容之一。

"智慧政府"强调在政府信息化的基础上突出智能化及服务化，主张利用先进信息技术，提高政府办公、监管、服务、决策的智能化水平，更好地为公民提供方便、个性化的服务。

实施云计算战略，积极推进政府云应用。在政府信息化项目中优先运用云计算，从而解决电子政务基础设施利用率低、资源需求分散、重复建设、工程建设难于管理等问题。

政府部门广泛应用移动通信和社交媒体，创新公共服务手段、方式和内容已经成大势所趋。基于互联网的公民参与日渐成为主流，政府的角色正在从管理者，向服务提供者，再向解决方案促成者转变。

从国家战略高度支持大数据应用与发展，挖掘大数据潜力，助力政府智慧服务和管理。在公共服务方面，开展政府网站用户行为大数据分析与挖掘工作，基于对海量网站用户访问行为数据的分析和挖掘，提炼用户需求，指导政府提供更加个性化的网上服务，使在线服务越来越向智慧化、精准化、主动化的方向发展。在社会管理方面，政府部门（如医疗、交通、公安等）注重挖掘本部门所掌握的数据价值，更有效地提高部门业务运作效率，提升公众满意度。

（三）数字政府

1. 电子政务转型——数字政府

传统管理和服务方式是基于管理者对物理世界的认知而做出行政行为，因人对信息感知、认知的碎片化、片面性，以及信息处理能力的有限性，必然导致管理和服务呈现随意、被动和割裂状态。新时期电子政务发展在新政策与新理念的指导下，要实现主动、精准、整体式、智能化的政府管理和服务，要体现出与社会经济现状相融合的发展，在节约行政资源的同时也更好地增进社会福祉。新时期的电子政务发展将进一步与大数据、云计算、移动互联网、人工智能等先进技术和先进产业紧密结合，构建数据智能的运用能力，帮助管理者建立对物理世界的整体认知，实时、全面、精准地感知管理对象的状态特征和发展趋势，利用人工智能算法提供决策支撑和精准化的能力，提高信息处理能力，然后做出行政行为，才能提高管理水平，更好地实现服务功能。

2013 年党的十八届三中全会提出："全面深化改革的总目标是完善和发展中国特色社会主义制度，推进国家治理体系和治理能力现代化。"这对于中国的政治发展，乃至整个中国的社会主义现代化事业来说，具有重大而深远的理论意义和现实意义。推进国家治理现代化是一个系统工程，需要全方位努力，而加快数字政府建设无疑是其中一项重大举措。

2015 年 12 月，习近平总书记在第二届世界互联网大会开幕式上，首次正式提出推进"数字中国"建设的倡议。2017 年 10 月 18 日，习近平总书记在党的十九大报告中进一步提出"建设科技强国、质量强国、航天强国、网络强国、交通强国、数字中国、智慧社会"，明确了建设数字中国的宏大构想。数字中国是新时代国家信息化发展的新战略，是满足人民日益增长的美好生活需求的新举措，是驱动经济高质量发展的新动力，涵盖经济、政治、文化、社会、生态等各领域信息化建设，为全面建成小康社会、开启全面建设社会主义现代化国家新征程提供强大动力。"数字中国"是由数字经济、数字政府、智慧社会、数字文化和数字生态等构成的有机体系，"数字政府"建设是"数字中国"体系的有机组成部分，是推动"数字中国"改革发展、推动社会经济高质量发展、再创营商环境新优势的重要抓手和重要引擎。数字政府是信息化政府、管理网络化政府、办公自动化政府、政务公开化政府、运行程序优化的政府。党中央、国务院高度重视数字政府建设，并将其作为实现国家治理体系和治理能力现代化的战略支撑，提出以电子政务为抓手，推进政府管理和社会治理模式创新，实现政府决策科学化、社会治理精准化、公共服务高效化。数字政府建设是智慧社会建设的重中之重，是政府职能转变的前驱动力，化解主要矛盾的内在要求，是社会治理创新的基础条件。

2019 年《中共中央国务院关于支持深圳建设中国特色社会主义先行示范区的意见》提出"推进'数字政府'改革建设，实现主动、精准、整体式、智能化的政府管理和服务"，对"数字政府"建设提出了全新的、更高要求的目标。

电子政务被看成改进现有业务流程的技术，数字政府则是创新地设计和供给公共服务，强调数据信息在一定条件下、在各治理主体之间的共享。电子政务虽然与数字政府在信息技术应用和公共服务提供上有相通之处，但电子政务的立足点在政府服务方式的技术化"改良"，数字政府的立足点则是政府与其他治理主体之间互动关系的联动型"变革"。

电子政务向数字政府这一阶段演化，即更加强调利用互联网真正打通政府内部、政府对企业和政府对用户三方面的统筹协调建设，强调政务服务，一号申请、一窗受理、一网通办，旨在利用大数据、云计算等新兴技术真正实现政务数字化、自动化、智能化、智慧化管理。

数字政府通常是指建立在互联网上、以数据为主体的虚拟政府。数字政府是一种遵循"业务数据化，数据业务化"的新型政府运行模式。数字政府以新一代信息技术为支撑，重塑政务信息化管理架构、业务架构、技术架构，通过构建大数据驱动的政务新机制、新平台、新渠道，进一步优化调整政府内部的组织架构、运作程序和管理服务，全面提升政府在经济调节、市场监管、社会治理、公共服务、环境保护等领域的履职能力，形成"用数据对话、用数据决策、用数据服务、用数据创新"的现代化治理模式。数字政府既是互联网＋政务深度发展的结果，也是大数据时代政府自觉转型升级的必然（见图 1.3）。

就数字政府的建设结果而言，数字政府注重数字治理、精准治理、智能治理，实质上完成了对传统电子政务的飞跃和扬弃。

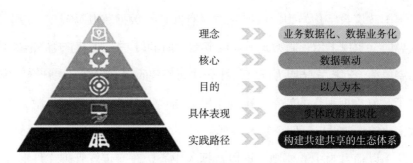

理念	➤➤	业务数据化、数据业务化
核心	➤➤	数据驱动
目的	➤➤	以人为本
具体表现	➤➤	实体政府虚拟化
实践路径	➤➤	构建共建共享的生态体系

图 1.3　数字政府概念

联合国认为政府数字化转型的趋势如下：在线公共服务方面，政府运用现代信息技术，特别是互联网技术，为社会公众、企业和其他政府实体提供在线的公共服务；在数字政府的建设和发展中，把公民看作其顾客，以公民（顾客）为本，是一种以公民（顾客）为中心、以公民（顾客）为导向的模式；在数字政府的无缝隙与综合方面，整合所有的政府部门、人力资源和其他资源，以单一的界面，为社会公众提供优质高效的公共信息和公共服务。例如，对于推进整合型服务，应具有以下功能。

（1）整合门户网站高级搜索功能：通常包括可以从十几个政府部门网站索引内容的高级搜索功能；

（2）允许公众检测网上事务处理状态的在线跟踪系统：人们用来处理事务的国家网站或门户网站能够与政府的在线处理系统联系起来；

（3）数字证书功能：允许不同系统无缝交换信息；

（4）一站式服务功能；

（5）基于身份管理功能。

从全球范围来看，以美国、英国、澳大利亚等为代表的西方国家的数字政府建设，通过先进、科学的发展理念和方法，取得了良好的政府数字化转型成效。

美国政府数字化转型以数字化的信息共享和数据获取为基础，以公共服务为导向，实现了由管制型政府向服务型政府的转变；改变了政府治理结构，从国家单独治理模式转变为国家与社会共同治理的"小政府－大社会"模式；完成了政府治理观念的变革，确立了顾客与消费者导向的政府机制。美国政府数字化转型遵循以下四个基本原则：

（1）以信息为中心原则，即以数据为中心，改变传统管理文件形式，转为管理在线业务数据；

（2）共享平台原则，政府各部门内部以及部门之间的雇员一起工作，以降低成本，精简部门，并且以统一标准的方式创建和分发信息；

（3）以用户为中心原则，围绕客户需求，创建、管理数据，允许客户在任何时候以任何他们希望的方式构建、分享和消费信息；

（4）安全和隐私原则，确保安全地分发和使用服务，保护信息和隐私。

美国数字政府建设四原则体现出来的，一是注重服务，建设服务型政府，满足企业和公民不断增长的公共需求；二是提高数字政府质量，美国政府为此专门成立了"数字政府研究中心"；三是要完善机构法律法规，实现标准化数字政府，进一步保障数字政府高效、标准化运作；四是加强培训和宣传，提升政府人员数字化素养；五是要加强政府信息安全和隐私保护，做好移动互联网的信息安全保障工作。

英国相关部门在 2017 年出台了《政府转型战略（2017—2020）》，推动政府数字化转型进程。该文件主要包含五个目标：一是跨政府部门业务的整体转型，建立政府在线服务的标准，及时更新技术实施规范和其他适用标准，改善用户体验；借鉴私营部门的经验，制定跨部门合作机制。二是培养人员，提升技能，培育文化，推广数字化技术。三是优化业务工具、工作流程和管理模式，解决政府部门在技术、工作计划管理方式、采购等方面存在差异的问题。四是更好地利用数据，共享开放政府数据、任命首席数据官、改进数据挖掘工具、建立数据安全体系等措施。五是创建共享平台、组件和可重用业务功能。

澳大利亚政府数字化转型的主要举措是成立专业数字化小组、各部门制定数字化策略、各部门开发适合自身的数字工具、制定政府数字化服务标准、开展数字技能学习和提升项目、推行创新工程等。其主要有六个方面要点。

（1）以公民为中心：提供线上线下双领域服务，线上领域以用户需求为导向，设计、提供相应服务，同时继续提供高质量的线下服务。

（2）保护数据：保障数据和信息安全并让数据变得更有价值。

（3）提升服务能力：加强员工数字化工作能力，制定数字化工具政策和使用指南。

（4）协同治理：鼓励公立部门和私营部门合作。

（5）持续创新：制定新的服务模式，并进行持续迭代更新。

（6）数据共享：共享线上服务设计方法和线上服务系统，分享数据运用的方法。

2. 数字政府的特点

数字政府作为现有信息化条件架构下形成的一种新型政府运行模式，实现政府部门横纵贯通、跨部门跨层级、跨系统、跨地域业务高效协同、数据资源流转通畅、决策支撑科学智慧、社会治理精准有效、公共服务便捷高效、安全保障可管可控的目标，不断提升政府治理现代化能力。数字政府是信息时代为推动国家治理体系和治理能力现代化，将数字化进程作用于政府自身改革，创新政府职能结构和权力运行方式，运用信息技术处理公共事务的一系列机制、方式和过程的综合体，呈现整体性、服务型、数字化的特征。

数字政府是"治理理念创新＋数字技术创新＋政务流程创新＋体制机制

创新"的系统性、协同式变革。推动治理体系和治理能力现代化亟须加快推动大数据与政府治理深度融合，对政务流程、组织构架、功能模块等进行数字化重塑，系统推进经济调节、市场监管、公共服务、社会管理、环境治理、政府运行"六位一体"数字化转型，构建纵向贯通、横向协同的数字政府。

　　数字政府是国家治理体系和治理能力现代化的迫切需要和战略抉择。数字政府是公共治理理论与数字技术深度融合催生的热点问题，强调以需求为导向的数字化变革推动政府理念革新、职能转变和体制机制重塑，逐渐成为数字治理理论应用的新动向。帕特里克·邓利维（Patrick Dunleavy）在其 2006 年出版的 *Digital Era Governance：IT Corporations，the State and E-Government* 中首次对数字治理作了系统阐释，随后理论界将数字治理理论引入新公共管理，掀起了数字政府理论研究和实践探索的浪潮。数字政府治理研究并不局限于政府治理方式，更深层次的是探索政府机构改革和权责碎片化的重新整合、政府体制机制的系统优化和流程再造、政务服务全面数字化变革，从本质上讲旨在处理政府"有形之手"与市场"无形之手"、社会"自治之手"的逻辑关系，提高政府治理效能、行政质量和公信力，加速实现"管制型政府"向"服务型政府"转变。数字政府并不局限于 ICT 技术在政务领域的应用，而是"治理理念创新＋数字技术创新＋政务流程创新＋体制机制创新"协同推进的全方位变革，以大平台、大数据、大系统、大集成为战略导向，以数字化、协同化、透明化、智慧化为实施路径，以跨部门跨系统、跨地域、跨层级、高效协作为重要支撑，对政府数字化思维、数字化理念、数字化战略、数字化资源、数字化技术等相关因素进行最大化集成，从而撬动国家治理体系和治理能力现代化。

　　从经济治理体系和治理能力现代化视角看，数字政府是催化数字经济快速释放、融合、速增的关键性支撑。从社会治理体系和治理能力现代化视角看，数字政府是加快推动社会治理精准化、公共服务高效化以及社会互动信任化的迫切要求。从政府治理体系和治理能力现代化视角看，数字政府是对政府自身改革进行全方位、全领域、全时空系统性和数字化重塑的战略支点。从组织变革的角度看，以"数字政府"为基础的协同型政府建设会经历"烟囱"式、整合化、全国性入口、组织间整合以及需求驱动的协同型政府五个发展阶段。数字政府越往高级阶段发展，越需要以公众需求为导向，注重政务服务的高效性、精准性、集成性以及安全性。数字政府着力推进业务协同，突出发展政务服务和主题应用，统筹能力显著增强、集约化水平显著提高、审批便利化有效提升，实现大服务惠民、大系统共治、大数据慧治、大平台支撑的横向到边、纵向到底的"全国一盘棋"整体化数字政府。

数字政府有助于打造创新发展新动能。充分发挥信息技术在优化营商环境，激发市场活力方面的作用，提高各类市场主体创新能力，形成全国统一的发展格局，为区域经济的协调发展提供新动力。实现政府信息资源与社会信息资源融合创新，形成全社会共同参与的公共数据服务体系，为经济社会发展打造新支撑和新引擎。

数字政府有助于提升智慧服务新体验。利用移动互联网技术，不断完善服务渠道、丰富服务类别，打造政务服务新模式，建成覆盖全国、部门协同、双向互动、安全可靠、一体化办理的政务服务体系，不断提升政务服务的精准化、人性化、均等化、普惠化、便捷化水平。数字政府的办公方式从地理空间和时间上看，一改过去集中在一个办公大楼、一周五天、一天八小时工作制。"网上在线办公"创造出"虚拟政府"环境。政府官员和公务人员处理公务不受时空限制。无论在家、在办公室、在车上，还是出差在外，随时随地可以使用便携电脑、其他移动设备，通过有线或无线网络通信，登录自己的办公站点，处理事务。个人、企业或组织足不出户，便可同政府联系。数字政府改变了政府的组织形式。传统的政府机构是层次结构，从中央到地方分为数级，上一级管若干下一级；公务人员多，机构庞大；"麻雀虽小，五脏俱全"。数字政府表现为分布式的网络结构，公务人员的等级表现为一定的网络用户权限；政府高效、精简，公务人员数量大减；国家节省大量人力资源。

数字政府有助于构建协同治理新环境。以互联网、大数据、人工智能等技术为支撑，创新社会治理理念，优化社会治理流程和模式，推进社会治理网络化、平台化和智能化，推动社会治理从局部到整体、从被动到主动、从粗放到精准的模式转变。

数字政府有助于探索数据决策新方式。花费大量人力、财力收集的数据是宝贵资源，并深度融合政府、社会及互联网等数据资源，运用大数据可以从中挖掘出许多未知的有用知识和信息，服务于政府决策，助力重大改革措施贯彻落实、重大问题决策研判、重点工作督查落实，提高决策的精确性、科学性和预见性，提升政府治理能力。

数字政府改革有助于建设整体运行新模式。以目标导向的职能设计、透明快捷的协同过程、多元互动的动态反馈，建设数字政府整体化运行新模式，以政府行政运作过程中的各类问题和需求为导向，按需实现信息的高效共享和跨部门的无缝协同，提高政府的整体运行效率。

数字政府是政府适应信息技术治理和服务需求的自我改革和创新。"治理"是一个概念性术语，具有广泛的含义。在政治学领域，"治理"意味着"政府治理"。政府治理下的实践领域之一是信息技术（information technology，IT）治理，即 IT 治理，电子政务即为 IT 治理之一。IT 治理被定义为"组织领导、组织结构与组织过程，确保组织的信息技术支撑，并维护组织战略和组织目标"。国际标准化组织（International Organization for Standardization，IOS）已经建立了详细的 IT 治理标准和流程，许多政府部门将其付诸实践。这些 IT 治理实践大多数由以企业资源计划（enterprise resource planning，ERP）或客户关系管理（customer relationship management，CRM）等软件应用程序为中心的常见 IT 组织结构和使用信息系统结构的模式演变而成。从大型计算机、小型计算机到客户计算机、服务器体系结构，再到 Web 应用程序，IT 部门一直专注于应用程序和应用程序的用户交互，而很少关注驱动应用程序的数据。通常，管理数据是根据数据如何服务于特定应用程序进行的，而不是根据它们如何服务于整个组织的战略利益进行的。因此，IT 治理实践主要围绕组织的应用程序而不是其数据进行设计的。电子政务是一般意义的 IT 治理。电子政务作为 IT 治理概念在政府部门的具体应用，政府机构采用信息技术转变政府与民众、企业及其他政府组织之间的关系，由此带来提高政府服务的便利性、降低政府运行成本、增加政府透明度、减少腐败等好处不言而喻。我国的电子政务治理模式继承了 IT 治理模式的思路，需求带动应用，应用产生数据，而政府各级机构拥有的大量数据，并未很顺畅地反哺管理需求，也没有很好地进行决策和服务社会。运用数字技术深化政府改革是数字政府建设的必然方向。数据成为数字政府和智慧社会的关键。政府信息公开、数据开放和信息服务的基础在于数据，加强数据基础设施建设，既是推进数字政府建设的重要内容，也是促进国家治理能力现代化的必由之路。过去的电子政务建设模式存在条块分割、各自为政的问题，导致"信息孤岛"和"数据烟囱"，已不能适应政府整体数字化转型的需求。如何打破条块分工带来的数据碎片化，是"数字政府"建设的关键。

数字政府是数字中国、网络强国、智慧社会三大国家战略纵深推进的战略支撑。习近平总书记在中央政治局第 36 次集体学习时强调，要以数据集中和共享为途径，建设全国一体化的国家大数据中心，推进技术融合、业务融合、数据融合，实现跨层级、跨地域、跨系统、跨部门、跨业务的协同管理和服务，推进政府决策科学化、社会治理精准化、公共服务高效化。

数字政府的基本特征可以用"七化"来说明（见图1.4）。一是动态化，数字政府形态是在数据驱动下动态发展、不断演进；二是数据化，所有基于政府的各种资源和业务都需要进行数据化，我们的材料、证件梳理到最小颗粒度时，就是数据；三是精准化，形成"无需等待、随时触发"，或者说是"千人千面"的个性服务格局；四是移动化，很多地方在做移动互联网、做掌上办公、掌上决策等，以移动政务办公平台加内部组织管理与协同，是未来很重要的一个方面；五是平台化，平台架构是推动政府完成"数字化转型"的关键，大家都在讲整体政府，最大的核心就是整体的平台架构；六是协同化，平台架构下面的协同化怎么理清协同关系；七是智能化，智能化治理，通过社会治理，怎么来应对复杂环境和多元路径。

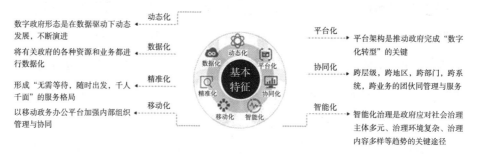

图1.4　数字政府基本特征

二、数字政府建设

（一）数字政府建设的架构

电子政务、政府部门信息化转向数字政府建设，传统 IT 架构已难以继续适用，数字政府的建设需要有新的架构来解决，必须构建数字政府总体架构。

总体上，数字政府应依托互联网架构及互联网能力，应以数据共享为核心引擎，应具备移动化能力，应具备基于态势感知的数据全生命周期管理能力。

数字政府应依托互联网架构及互联网能力：数字政府是服务型政府，需要面向广大人民群众提供服务，需要承载海量的政务数据、海量的政务业务系统，还有百姓和企业海量的政务服务需求，因此数字政府一定要依托经过长期实践检验的互联网架构和互联网能力，深入政府业务场景进行创新，以保证在大用户量、高并发量情况下，依然能为上千万甚至上亿用户提供方便快捷、优质流畅的在线政务服务。

数字政府应以数据共享为核心引擎：数字政府的本质是基于数据共享的业务再造，没有数据共享，就没有数字政府。政府数字化转型应当在统一的政务服务平台之上，基于完善的公共数据共享交换技术规范和管理办法，打破信息孤岛，打通数据壁垒，实现跨层级、跨区域、跨部门、跨系统、跨业务的数据共享，让数据流动起来，实现数据资产化、服务化、价值化，从而加速政府数字化转型。

数字政府应具备移动化能力：数字政府要让老百姓能够随时随地访问，要为老百姓提供最方便、快捷的服务，拉近与群众的距离，因此，最好的政府数字化转型方案应是移动化的。数字政府应当具备移动互联网架构能力和移动应用开发能力，需要提供政务服务 App 及相关微应用，让老百姓实现移动办事；需要提供政务协同移动办公系统，帮助公务员、企事业单位工作人员实现移动办公和移动沟通协同，全面助力政府数字化转型。

数字政府应具备基于态势感知的数据全生命周期管理能力：数字政府的基石是数据共享，数据共享开放必须以安全可控为前提。因此任何政府数字化转型必须具备基于大数据的、有态势感知能力的全域安全体系，可以实现数字政府全域实时洞察、全域联动防御、大数据 AI 智能驱动，同时应该具备涵盖数据安全成熟度模型方法论，以及敏感数据资产管理、数据风险审计等核心数据安全保障能力，保障数字政府业务安全、数据安全和运营安全，以及整体网络空间安全。

与此同时，要从传统 IT 架构转向新 IT 架构，既要保证新 IT 架构的适用性，又要保证其充分弹性。还要从两方面考虑：一是对各种个性化的设备、架构、系统进行分析，找出共性部分进行抽象，纳入统一管理；二是采用"分而治之"的思想，把问题划分开来各个解决，对数据、应用进行分层解耦，以便于控制、延展和分配资源，以实现"高内聚、低耦合"。软件系统体系结构设计中的三层系统架构，是将系统的整个业务应用划分为表示层、业务逻辑层、数据访问层，并采用实体对象用于层和层之间的数据传送。

数字政府的技术架构设计思路如下。

统一构建"数字孪生政府"模型：通过建模统一"表述语言"，统一不同部门对数字世界的表达方式。该模型包括对象模型、运行规则模型、数据权责模型等。一是将政府管理和服务的主体、客体等客观物质按照最小颗粒度划分，对其进行建模；二是将政府组织架构及管理、服务运行规则（包括职能和事项）按照最小颗粒度划分，对其进行建模；三是建立数据、职能、事项的关联关系，构建数据权责三元模型，完善数据权责体系。

采取面向对象视角组织和管理数据：基于对象模型建设逻辑实体库，集中统一管理各实体状况，并要求各单位将采集数据和履职行为结果数据，根据数据权责写回逻辑实体库中，形成数据管理闭环。如此，可从根本上解决数据多源和共享的痛点，且避免数据反复治理。

对应用层进行分层解耦：参照人对信息感知、认知、处理的过程，对业务信息传递流向和处理机制进行分层解耦，将传统架构中的应用层分解成受理分析、任务下达（协同）及业务应用层，以"实体对象信息＋任务流信息"为主线，进行层和层之间的数据传送。

对数字政府"家底"进行统一管理：将数字政府建设采购的硬件设备、网络 IP 地址、开发的软件系统、梳理的运行规则，以及履职过程中形成的数据等，视为"数字孪生政府"的资产，建设管理平台对其进行统一管理，以全面反映数字政府建设和运行现状，为项目设计、报批审核、需求分析、运维运营提供参考依据。

建立数字政府建设项目全生命周期管理体系：建设项目全生命周期管理平台，依托平台对项目申报、设计、实施、验收、运营运维等实行闭环管理。同时通过将各阶段实施的成果在平台上进行登记和验收，与资产管理结合起来，实现资产的动态管理。

（二）数字政府建设的内容

数字政府建设是一项系统性工程，需要革新理念、统筹规划、管理与技术双轮并重、同步推进。

1. 总体层面的建设

（1）构建网络互联互通、安全可管可控、能力持续升级的信息网络支撑体系。加强各级政府电子政务网络建设，提高电子政务外网横向部门覆盖率，促进政府部门网络互联互通。按照国家电子政务网络安全防护的相关要求，加强信息安全等级保护和分级保护防护措施建设，完善密码和密钥管理、网络信任和安全管理等体系，确保网络可信、可管和可控。优化电子政务网络结构，持续推进电子政务网络提速和升级改造，提高电子政务外网和互联网联通访问能力，满足"互联网＋政务服务"和数字政府对网络建设的需求。

（2）构建先进、安全、可靠的数字政府数据治理体系。一是按照国家政务信息资源目录体系和交换体系标准要求，构建体系目录全面、资源分级分类、内容按需共享的信息资源共享体系，加快各级政务部门政务信息资源的梳理，明确政务信息资源的分类、责任方、格式、属性、更新时限、共享类型、共享方式、使用要求等相关内容。推进政务信息资源分级分类，加快构建基础性、主题性和业务性信息资源目录，明确无条件共享、有条件共享、不予共享的范围。二是建设一体化大数据中心和智慧化在线服务平台。构建统一的政府数据运行管理中心，确保数据的完备性、精准性、适用性、即时性和综合性。构建数据共享交换平台、数据管控平台、数据开放平台，夯实数字基础，推进共享交换平台上下互联互通，促进数据互联互通和共享开放，提升共享交换平台部门和重点业务系统接入率，强化系统直连交换。

（3）构建流程持续优化、数据无缝流动、线上线下融合的业务协同联动体系。适应"互联网＋政务服务"发展的新特点，按照"信息多跑路、百姓少跑腿"的要求，持续推进政务业务服务流程优化和再造，提高政府部门"一站式"服务能力，不断满足网络信息条件下社会对政务服务变革的新需求。按照整体政府、职能分工和协同监管的要求，推进跨部门、跨层级、跨区域大应用、大系统、大平台建设，提倡共建共享和集约建设，加快跨部门业务流程优化和前后对接，推动数据跨部门实时无缝流动，提高业务实时协同联动能力，杜绝因业务不衔接而出现的监管漏洞。按照网络化服务和监管的要求，不断完善和优化线下服务网点、服务人员和服务设施等配套布局，提高线下服务智能化水平，推进线上线下业务融合服务。

（4）构建数据来源广泛、内容深度挖掘、手段方便快捷的政府决策数据服务体系。构建数字化、网络化、智能化的政府经济社会治理网络大平台，提高数据汇聚、在线监测、事中监管、协同联动等方面能力。依托网络大平台，优化和再造政府监管和服务流程，促进政府数据实时无缝流动，推动跨部门、跨层级、跨区域业务协同联动。充分利用外部数据强化政府决策支撑，加强政企合作、多方参与，加快宏观调控、社会管理、公共服务、市场监管领域社会数据的集中和共享，推进同互联网、金融、电信、银行、能源、医疗、教育等领域服务企业积累的数据进行平台对接，形成数据来源广泛、多方数据比对、数据时效性强的政府决策数据支撑体系。加强政务、行业、社会等多方面数据交叉比对、关联挖掘和趋势预判，提高对经济运行、社会发展、民生服务、社会管理等领域的深度分析能力。完善政府数据决策系统平台支撑体系，不断提高数据分析利用便利程度。

2. 技术层面的建设

（1）数字化层：负责建立物理世界的映射，主要功能是构建对象、规则模型，并进行数字化转换。通过建模对物理世界进行标准化定义，通过交互设备采集数据实现物理世界的数字化转换。

①对象建模：对政府管理和服务的所有主体、客体进行数字化建模，主要工作包括梳理对象目录、定义各对象元数据标准、建立对象各要素与组织机构、事项的关联关系等。

②规则：对政府组织架构及职责分工进行建模，主要工作包括组织架构建模和梳理，事项建模和事项目录管理、事项标准化、建立事项与对象模型各要素的关联关系等。事项范围包括政务服务事项、行政监管事项、内部事务决策分析任务、部门协调任务、上级指派任务等。

③交互感知：负责与物理世界的交互，通过各类终端采集信息，实现对

象的数字化转换。终端的主要用途是展示服务、感知客体状态信息、获取客体需求等，终端的范围包括 App、PC、自助终端、12345、大屏、执法仪、摄像头、感知探头等。

（2）运行层：负责政务服务和管理的实际运作。

①受理分拨：负责生成任务，确定任务派发规则。其任务生成方式主要包括三种：一是接收交互层所传递的客体状态信息及需求，根据业务受理规则对需求进行研判,生成任务派发信息;二是根据周期性业务即定规则（如"双随机一公开"），生成任务派发信息；三是对所有客体状态进行综合分析，开展监测预警和风险研判，生成任务派发信息。

②任务协同：将受理分拨平台生成的任务，按照派发规则分发至各业务系统，并对任务进行跟踪反馈，将各任务执行结果回写到逻辑实体库中。

③业务应用：对接收到的各项任务进行落实并反馈任务执行结果。

（3）支撑层：主要负责提供数字政府运行所需的基础软件支撑平台，包括智能服务平台和智能资源平台。

①智能服务：提供自运行层之上所有平台正常运行所需的数据服务、工具服务、模型服务等。

②智能资源:按照总体架构分层解耦情况，建设模型、数据、工具、渠道、感知设备等管理平台，对各类资产进行登记、管理和运营运维，并向 IT 资产管理平台输出资产登记信息。

（4）基础层：主要负责提供自支撑层之上所有平台正常运行所需的网络、计算、存储资源集，包括各类资源平台及对网络、计算、存储资源集进行统一管理和运维的资产管理平台。

（5）安全保障、标准规范、政策体制及组织保障等：与传统 IT 架构内容一致，本文不再赘述。

（6）IT 资产管理体系和项目全生命周期管理体系组合在一起，形成对数字政府建设和运行情况的整体监管。

要搭建上述架构，需将对象、对象要素、组织架构、事项、受理规则等全部按最小颗粒度进行梳理，以构建"数字孪生政府"数字化模型。除此还要建设各类资产管理平台，对数字政府资产进行精细化管理。其工作量巨大，真正落实并不容易，需要强有力的抓手。

数字政府各项目建设的初衷是构建"数字孪生政府"相关组成部分，其建设原则应按照整体架构设计和规划，实现管理对象数字化和业务职能数字化，以落实数据职责，而非简单的通过信息化手段实现业务流转。因此对对象、对象要素、组织架构、事项、受理规则等的梳理细化，是贯穿于"数字政府"项目建设始终。

三、数字政府建设的技术支撑

随着云计算、大数据、物联网、人工智能、移动互联网、区块链等新一代信息技术应用的不断深入，为政府管理和服务提供了手段和载体，助推数字政府建设。党的十九届四中全会明确指出：建立健全运用互联网、大数据、人工智能等技术手段进行行政管理的制度规则。推进数字政府建设。"云物大智移"即云计算、物联网、大数据、智能化、移动互联网，其正在促使未来成为一个"万物互联、无处不结合、智能计算、开放共享"的智能时代，也是数字政府建设的技术支撑。

（一）云计算

云计算（cloud computing）是分布式计算的一种，指的是通过网络"云"将巨大的数据计算处理程序分解成无数个小程序，然后，通过多部服务器组成的系统进行处理和分析这些小程序得到结果并返回给用户。云计算早期，简单地说，就是简单的分布式计算，解决任务分发，并进行计算结果的合并，因而，云计算又称为网格计算。通过这项技术，可以在很短的时间内（几秒钟）完成对数以万计的数据的处理，从而达到强大的网络服务。现阶段所说的云服务已经不单单是一种分布式计算，而是分布式计算、效用计算、负载均衡、并行计算、网络存储、热备份冗杂和虚拟化等计算机技术混合演进并跃升的结果。

云计算的可贵之处在于高灵活性、可扩展性和高性比等，与传统的网络应用模式相比，其具有如下优势与特点。

1. 虚拟化技术

必须强调的是，虚拟化突破了时间、空间的界限，是云计算最为显著的特点，虚拟化技术包括应用虚拟和资源虚拟两种。众所周知，物理平台与应用部署的环境在空间上是没有任何联系的，正是通过虚拟平台对相应终端操作完成数据备份、迁移和扩展等。

2. 动态可扩展

云计算具有高效的运算能力，在原有服务器基础上增加云计算功能能够使计算速度迅速提高，最终实现动态扩展虚拟化的层次达到对应用进行扩展的目的。

3. 按需部署

计算机包含了许多应用、程序软件等，不同的应用对应的数据资源库不同，所以用户运行不同的应用需要较强的计算能力对资源进行部署，而云计算平台能够根据用户的需求快速配备计算能力及资源。

4. 灵活性高

目前市场上大多数 IT 资源、软件、硬件都支持虚拟化，如存储网络、操作系统和开发软、硬件等。虚拟化要素统一放在云系统资源虚拟池当中进行管理，可见云计算的兼容性非常强，不仅可以兼容低配置机器、不同厂商的硬件产品，还能够外设获得更高性能计算。

5. 可靠性高

服务器故障也不影响计算与应用的正常运行，因为单点服务器出现故障可以通过虚拟化技术将分布在不同物理服务器上面的应用进行恢复或利用动态扩展功能部署新的服务器进行计算。

6. 性价比高

将资源放在虚拟资源池中统一管理在一定程度上优化了物理资源，用户不再需要昂贵、存储空间大的主机，可以选择相对廉价的 PC 组成云，一方面减少费用，另一方面计算性能不逊于大型主机。

7. 可扩展性

用户可以利用应用软件的快速部署条件来简单快捷地将自身所需的已有业务以及新业务进行扩展。例如，计算机云计算系统中出现设备的故障，对于用户来说，无论是在计算机层面上，抑或是在具体运用上均不会受到阻碍，可以利用云计算具有的动态扩展功能来对其他服务器开展有效扩展。这样一来就能够确保任务得以有序完成。在对虚拟化资源进行动态扩展的情况下，同时能够高效扩展应用，提高云计算的操作水平。

（二）大数据

大数据（big data），是指无法在一定时间范围内用常规软件工具进行捕捉、管理和处理的数据集合。

在维克托·迈尔-舍恩伯格和肯尼斯·库克耶编写的《大数据时代》一书中，大数据不用随机分析法（抽样调查）这样的捷径，而采用所有数据进行分析处理。大数据的 5V 特点（IBM 提出）：Volume（大量）、Velocity（高速）、Variety（多样）、Value（低价值密度）、Veracity（真实性）。

对于大数据，研究机构 Gartner 给出了这样的定义：大数据是需要新处理模式才能具有更强的决策力、洞察发现力和流程优化能力来适应海量、高增长率和多样化的信息资产。

麦肯锡全球研究所对大数据给出的定义：一种规模大到在获取、存储、管理、分析方面大大超出了传统数据库软件工具能力范围的数据集合，具有海量的数据规模、快速的数据流转、多样的数据类型和价值密度低四大特征。

大数据技术的战略意义不在于掌握庞大的数据信息，而在于对这些含有意义的数据进行专业化处理。换而言之，如果把大数据比作一种产业，那么这种产业实现盈利的关键，在于提高对数据的"加工能力"，通过"加工"实现数据的"增值"。

从技术上看，大数据与云计算的关系就像一枚硬币的正反面一样密不可分。大数据必然无法用单台的计算机进行处理，必须采用分布式架构。它的特色在于对海量数据进行分布式数据挖掘。但它必须依托云计算的分布式处理、分布式数据库和云存储、虚拟化技术。

随着云时代的来临，大数据也吸引了越来越多的关注。分析师团队认为，大数据通常用来形容一个公司创造的大量非结构化数据和半结构化数据，这些数据在下载关系型数据库用于分析时会花费过多时间和金钱。大数据分析常和云计算联系到一起，因为实时的大型数据集分析需要像 MapReduce 一样的框架来向数十、数百或甚至数千的计算机分配工作。

大数据需要特殊的技术，以有效地处理大量的容忍经过时间内的数据。适用于大数据的技术，包括大规模并行处理（massively parallel processor, MPP）数据库、数据挖掘、分布式文件系统、分布式数据库、云计算平台、互联网和可扩展的存储系统。

（三）智能化

智能化是指事物在网络、大数据、物联网和人工智能等技术的支持下，所具有的能动地满足人的各种需求的属性。例如，无人驾驶汽车，就是一种智能化的事物，它将传感器物联网、移动互联网、大数据分析等技术融为一体，从而能动地满足人的出行需求。它之所以是能动的，是因为它不像传统的汽车，需要被动的人为操作驾驶。

智能化是现代人类文明发展的趋势，要实现智能化，智能材料是不可缺少的重要环节。智能材料是材料科学发展的一个重要方向，也是材料科学发展的必然。智能材料结构是一门新兴起的多学科交叉的综合科学。智能材料的研究内容十分丰富，涉及许多前沿学科，在工农业生产、科学技术、人民生活、国民经济等各方面起着非常重要的作用，应用领域十分广阔。

我们所使用的智能集合，随着信息技术的不断发展，其技术含量及复杂程度也越来越高，智能化的概念开始逐渐渗透到各行各业以及我们生活中的方方面面，相继出现了智能住宅小区，智能医院等，它们都以智能化建筑为基点生发开来，因此我们通常提到的智能化系统，也都是指智能化建筑系统。

随着现代通信技术，计算机网络技术以及现场总线控制技术的飞速发展，数字化、网络化和信息化正日益融入人们的生活之中。人们在生活水平、居住条件不断提升与改善的基础上，对生活的质量提出了更高的要求，智能住宅小区就是在这一背景下产生的，而且其需求日益增长，智能化的内容也不断有新的概念融入。根据一项调查表明：41.7% 的普通市民、74.2% 的网上一族认为在 5 年之内，我国智能化住宅将成为住宅市场的主流。

智能系统的重要特点之一，就是它是人机结合、以人为主的综合集成体系。实践证明，"综合集成研讨体系"是实现决策科学化与民主化的有效工具，既可以用于支持宏观经济决策，提供人口决策的信息与系统，也可以在军事指挥、方针政策重大项目等的决策中发挥科学化作用，所以会逐步进入国家和社会及大型企业的决策程序，成为信息社会重大需求的智能系统。

（四）移动互联网

移动互联网是个人计算机为终端的互联网发展的必然产物，它将移动通信和互联网二者结合起来，成为一体。它是互联网的技术、平台、商业模式和应用与移动通信技术结合并实践的活动的总称。

移动互联网是移动和互联网融合的产物，继承了移动随时、随地、随身和互联网开放、分享、互动的优势，是一个全国性的、以宽带 IP 为技术核心的，可同时提供话音、传真、数据、图像、多媒体等高品质电信服务的新一代开放的电信基础网络，由运营商提供无线接入，互联网企业提供各种成熟的应用。

移动通信终端与互联网相结合成为一体，用户使用手机、PDA 或其他无线终端设备，通过速率较高的移动网络，在移动状态下（如在地铁、公交车等）随时、随地访问互联网以获取信息，使用商务、娱乐等各种网络服务。

通过移动互联网，人们可以使用手机、平板电脑等移动终端设备浏览新闻，还可以使用各种移动互联网应用，如在线搜索、在线聊天、移动网游、手机电视、在线阅读、网络社区、收听及下载音乐等。其中移动环境下的网页浏览、文件下载、位置服务、在线游戏、视频浏览和下载等是其主流应用。同时，绝大多数的市场咨询机构和专家都认为，移动互联网是未来十年内最有创新活力和最具市场潜力的新领域，这一产业已获得全球资金包括各类天使投资的强烈关注。

目前，移动互联网正逐渐渗透到人们生活、工作的各个领域，微信、支付宝、位置服务等丰富多彩的移动互联网应用迅猛发展，正在深刻改变信息时代的社会生活，近几年，更是实现了 3G、4G、5G 的跨越式发展。全球覆盖的网络信号，使得身处大洋和沙漠中的用户，仍可随时随地保持与世界的联系。

依托于电子信息技术的发展，移动互联网能够将网络技术与移动通信技术结合在一起，而无线通信技术也能够借助客户端的智能化实现各项网络信息的获取，这也是作为一种新型业务模式所存在的，涉及应用、软件以及终端的各项内容，在结合现代移动通信技术的发展特点的前提之下，实现与移动互联网的各项内容加以融合，实现平台以及运营模式的一体化应用。移动网络技术的迅猛发展在一定程度上改写着社会，在推动社会发展的同时也使得固定式的网络呈现出发展的饱满度，使得移动网络在近年中的发展一度处于迅猛的状态。

相对传统互联网而言，移动互联网强调可以随时随地，并且可以在高速移动的状态中接入互联网并使用应用服务，主要区别在于：终端、接入网络以及由于终端和移动通信网络的特性所带来的独特应用。此外还有类似的无线互联网，一般来说移动互联网与无线互联网并不完全等同：移动互联网强调使用蜂窝移动通信网接入互联网，因此常常特指手机终端采用移动通信网接入互联网并使用互联网业务；而无线互联网强调接入互联网的方式是无线接入，除了蜂窝网外还包括各种无线接入技术。

（五）物联网

物联网（the internet of things，IOT）是指通过各种信息传感器、射频识别技术、全球定位系统、红外感应器、激光扫描器等各种装置与技术，实时采集任何需要监控、连接、互动的物体或过程，采集其声、光、热、电、力学、化学、生物、位置等各种需要的信息，通过各类可能的网络接入，实现物与物、物与人的泛在连接，实现对物品和过程的智能化感知、识别和管理。物联网是一个基于互联网、传统电信网等的信息承载体，它让所有能够被独立寻址的普通物理对象形成互联互通的网络。

物联网即"万物相连的互联网"，是互联网基础上的延伸和扩展的网络，将各种信息传感设备与互联网结合起来而形成的一个巨大网络，实现在任何时间、任何地点，人、机、物的互联互通 。

物联网是新一代信息技术的重要组成部分，IT 行业又称泛互联，意指物物相连，万物万联。由此，"物联网就是物物相连的互联网"。这有两层意思：第一，物联网的核心和基础仍然是互联网，是在互联网基础上的延伸和扩展的网络；第二，其用户端延伸和扩展到了任何物品与物品之间，进行信息交换和通信。因此，物联网的定义是通过射频识别、红外感应器、全球定位系统、激光扫描器等信息传感设备，按约定的协议，把任何物品与互联网相连接，进行信息交换和通信，以实现对物品的智能化识别、定位、跟踪、监控和管理的一种网络。

物联网的基本特征从通信对象和过程来看，物与物、人与物之间的信息交互是物联网的核心。物联网的基本特征可概括为整体感知、可靠传输和智能处理。

整体感知——可以利用射频识别、二维码、智能传感器等感知设备感知获取物体的各类信息。

可靠传输——通过对互联网、无线网络的融合，将物体的信息实时、准确地传送，以便信息交流、分享。

智能处理——使用各种智能技术，对感知和传送到的数据、信息进行分析处理，实现监测与控制的智能化。

根据物联网的以上特征，结合信息科学的观点，围绕信息的流动过程，可以归纳出物联网处理信息的功能如下。

（1）获取信息的功能：主要是信息的感知、识别，信息的感知是指对事物属性状态及其变化方式的知觉和敏感；信息的识别指能把所感受到的事物状态用一定方式表示出来。

（2）传送信息的功能：主要是信息发送、传输、接收等环节，最后把获取的事物状态信息及其变化的方式从时间（或空间）上的一点传送到另一点的任务，这就是常说的通信过程。

（3）处理信息的功能：是指信息的加工过程，利用已有的信息或感知的信息产生新的信息，实际是制定决策的过程。

（4）施效信息的功能：指信息最终发挥效用的过程，有很多的表现形式，比较重要的是通过调节对象事物的状态及其变换方式，始终使对象处于预先设计的状态。

（六）区块链

区块链是分布式数据存储、点对点传输、共识机制、加密算法等计算机技术的新型应用模式。区块链（blockchain）本质上是一个去中心化的数据库，同时作为比特币的底层技术，是一串使用密码学方法相关联产生的数据块，每一个数据块中包含了一批次比特币网络交易的信息，用于验证其信息的有效性（防伪）和生成下一个区块。

从科技层面来看，区块链涉及数学、密码学、互联网和计算机编程等很多科学技术问题。从应用视角来看，简单来说，区块链是一个分布式的共享账本和数据库，具有去中心化、不可篡改、全程留痕、可以追溯、集体维护、公开透明等特点。这些特点保证了区块链的“诚实”与“透明”，为区块链创造信任奠定基础。而区块链丰富的应用场景，基本上都基于区块链能够解决信息不对称问题，实现多个主体之间的协作信任与一致行动。区块链的核心技术包括如下方面。

（1）分布式账本：是交易记账由分布在不同地方的多个节点共同完成，而且每一个节点记录的是完整的账目，因此它们都可以参与监督交易合法性，同时也可以共同为其作证。

与传统的分布式存储有所不同，区块链的分布式存储的独特性主要体现在两个方面：一是区块链每个节点都按照块链式结构存储完整的数据，传统分布式存储一般是将数据按照一定的规则分成多份进行存储。二是区块链每个节点存储都是独立的、地位等同的，依靠共识机制保证存储的一致性，而传统分布式存储一般是通过中心节点往其他备份节点同步数据。没有任何一个节点可以单独记录账本数据，从而避免了单一记账人被控制或者被贿赂而记假账的可能性。也由于记账节点足够多，理论上讲除非所有的节点被破坏，否则账目就不会丢失，从而保证了账目数据的安全性。

（2）非对称加密：存储在区块链上的交易信息是公开的，但是账户身份信息是高度加密的，只有在数据拥有者授权的情况下才能访问到，从而保证了数据的安全和个人的隐私。

（3）共识机制：是所有记账节点之间如何达成共识，去认定一个记录的有效性，这既是认定的手段，也是防止篡改的手段。区块链提出了四种不同的共识机制，适用于不同的应用场景，在效率和安全性之间取得平衡。

区块链的共识机制具备"少数服从多数"以及"人人平等"的特点，其中"少数服从多数"并不完全指节点个数，也可以是计算能力、股权数或者其他的计算机可以比较的特征量。"人人平等"是当节点满足条件时，所有节点都有权优先提出共识结果、直接被其他节点认同后并最后有可能成为最终共识结果。以比特币为例，采用的是工作量证明，只有在控制了全网超过51%的记账节点的情况下，才有可能伪造出一条不存在的记录。当加入区块链的节点足够多的时候，这基本上不可能，从而杜绝了造假的可能。

（4）智能合约：是基于这些可信的不可篡改的数据，可以自动化地执行一些预先定义好的规则和条款。

此外，区块链技术还有六大特性：分散网络、可追溯性、共识机制、安全性、高可用性和不变性。

（1）分散网络：区块链网络完全没有中央服务器和控制中心。由网络自己做出决定，从而控制自己。

（2）可追溯性：区块链是一个分散的数据库，分散数据库记录了区块链每笔交易的输入输出，从而可以轻松地追踪资产数量变化和交易活动。

（3）共识机制：是区块链事务达成分散式共识的算法。区块链的节点是分散的，没有做出决策的中心化权威机构。网络中保存数据的所有节点，必须汇集在一起共同决策，共识机制，决定了区块链数据库的真实性。

（4）安全性：区块链采用分散式数据库，利用散列和算法保障数据安全，安全性是在网络中集体创建的，没有任何一方需要负责安全，安全性由参与者共同授予。

（5）高可用性：7×24 小时全天运行，无权限限制，内容无法篡改，何人何时何地均可使用。

（6）不变性：任何放入区块链的信息，都会永远存在区块链上，不会消失。

四、数字政府建设面临的主要问题与趋势

（一）数字政府建设面临的问题

整体政府是 20 世纪 90 年代中后期兴起的政府改革运动，其在政府改革实践中的首次运用是 1997 年。当时的英国首相布莱尔提出构建整体政府的施

政理念，随后新西兰、澳大利亚、加拿大等国也开始推进整体政府改革。整体政府作为一种新的改革理念，其目的是破解高度专业分工的政府体制所面临的部门主义、各自为政等问题。而部门主义、各自为政恰恰也是政府数字化转型面临的重大难题，长期困扰电子政务发展的数据孤岛、业务烟囱等问题，根源都可以归结于在政务信息化建设过程中，不同部门之间、不同行政层级之间缺少协同，各自为政。所以在数字政府建设中运用整体政府理论具有很强的现实需求。过去中国在行政审批制度改革、跨区域协同执法等方面也有过基于整体政府理论的实践探索。

近年来数字政府建设强调一体化，但其建设是复杂巨系统工程，需要多部门共建合作，前述数字政府总体架构最重要的意义是指导统筹部门和行业应用部门之间的分工合作。传统管理体制和 IT 架构设计只在基础设施和支撑平台上进行了一体化设计，而数据、规则、业务的一体化设计并没有开展，在架构上也没有建立数据、规则、业务等的统分关系，即使数据中台、业务中台等概念的提出对此也没有定义。数据和业务是系统建设的重要部分，因此各系统建设从数据之上基本都是自成体系，导致数据孤岛越来越大。结合数字政府建设中出现的问题分析，基于管理约束和传统 IT 架构主要存在以下五方面不足。

1. 没有采取面向对象的视角组织和管理数据

政府的行政行为是围绕管理服务对象展开的，目前各业务系统的建设已切换至以用户（对象）为中心，但大数据中心数据组织和管理的视角并没有切换，仍是部门视角，由各部门根据系统建设情况分散编目、管理数据，没有建立统一视图，同一对象的信息分散在各处且部门间描述方式不一致（数据多源且格式不统一），要获取同一对象的信息，只能通过数据共享的方式，对对象进行画像也如同"盲人摸象"。

2. 没有对"数字孪生政府"进行数字化建模

建设"数字孪生政府",即在数字世界中建立物理世界的主体、客体、运行规则、权责体系及其行为等的映射。要实现这种映射,需要先建立"数字孪生政府"的模型,通过建模统一"数字孪生政府"描述方式,即对数据进行标准化定义,然后再进行数字化转换。但传统 IT 架构基本忽略了这一块,具体表现如下。

第一,没有对对象统一建模。将数据组织方式切换至面向对象的视角,需要将物理世界主体、客体等客观物质视为对象,对各类对象统一建模,通过编制元数据方案定义对象的描述标准(包括对象的名称、描述对象的要素集、各要素的数据标准、要素的管理部门等),实现不同部门按照统一标准对同一对象主体从多维度进行描述。

第二,没有对政府组织和运行规则建模。建立物理世界的映射,除对客观物质进行映射外,还需要对其运行规则进行映射,因此建设"数字孪生政府"需对政府运行规则进行全面数字化(即政府职能数字化)。这包括两方面,一是政府组织架构数字化,二是任务受理和分发规则数字化。目前虽建设了权责清单系统,但其管理的仅是部门内单线事项,而政府运行规则的范围不仅是政务服务、行政监管等,还包括内部事务、部门间协同任务(一件事)、上级交办等,每类事项描述的要点是不同的,须对其进行分别建模,然后数字化。

第三,没有建立完整的数据权责体系。在"数字孪生政府"中,部门履职体现为依托业务系统依职能管理各客体的状态属性,这需要将部门职能与管理对象及管理对象各要素的责任关联,建立完整的数据权责体系。虽然部分地区提出通过建设目录链固化数据责任,但在体系上仍不完整。

3.没有对应用层进行分层解耦

传统 IT 架构中应用层是做为一整块呈现的，各业务数据从输入到输出是一个黑盒子，而在现实中业务运作经过了多个环节，如以政务服务为例，业务信息传递流向和处理机制可分解为申办、受理、审批、反馈等，这其中每一环节的统分关系是不一样的，如果不对应用层加以分层解耦，会导致业务无法相互融合、协同。

4.缺少对数字政府"家底"的统一管理

传统 IT 架构里提出了运营运维体系的概念，运营运维顺利开展的基础是清楚"家底"。但多数地方对数字政府的"家底"，包括项目、数据、硬件等资产"家底"并不清楚，即使有部分管理也是零星地散落在各系统中，没有系统管理进行统一管理，因此无法全面了解数字政府建设和运行现状，各单位在做数字政府建设项目设计时对现状基本"一摸黑"，出现大量复建设。各地为搞清"家底"，纷纷开展了运动式的"资产普查"，但由于缺乏动态更新机制，普查的效果也只是阶段性摸清"家底"。

5.缺少对数字政府建设项目的全生命周期管理

数字政府的资产不是一瞬生成的，是伴随着建设项目各阶段的实施，逐步积累并动态更新的，只有对项目进行全生命周期管理，才可能实现家底的动态管理。随着数字政府改革的推进，各地数据统筹部门多数担负了信息化建设项目前期审核、验收把关等职责，但没有建立项目闭环管理的机制，开展相关工作的方式仍是人工审核文档，没有建设系统对项目建设全过程进行监管。

推进数字政府建设管理职能融合，形成整体推进数字化转型的组织架构。信息共享难、业务协同难是电子政务发展中长期存在的普遍性问题。这一问题的原因在于政府信息化从需求的提出，到系统的建设管理，再到最后的服务呈现都是碎片化的。其根源：一是政府信息化建设的需求源自业务，而业务是根据政府的专业分工和层级分工，分布于各级政府部门的，所以需求自然呈现出碎片化状态。二是政府信息化建设是由广大的市场主体提供的，而过去政府的信息化建设职能与行政职能没有分离，各级政府部门各自寻找市场主体获取服务，导致供给也呈现碎片化状态。

建立统一的数字政府运营机构，形成管运分离、高度专业化的建设运营模式。在过去的机制下，由于行政职能和信息化建设管理职能完全没有分离，电子政务系统的建设、管理、运营都由各级政府部门自行负责组织。有的部门由内设信息化机构负责建设管理和运营工作，有的部门则委托企业承担。无论是哪种模式，作为行政机关的政府部门都要投入大量宝贵的人力资源从事与业务无关的技术管理与运营工作。例如，广东省在数字政府改革前，55个省直单位共设有承担信息化工作的机构 44 个，人员编制 745 人。如此庞大的机构和人员投入，一是造成人员和机构编制的浪费，二是业务部门既是信息化的建设者和管理者，又是使用者，导致管理部门与信息技术部门没有清晰的边界，在很大程度上技术变相地主导了政府信息化发展的方向，业务被技术牵着走，既干扰了行政机关对政务业务和服务的改革创新，又不能保障技术管理与运营的质量。

此外，政府在与企业合作的过程中，面对实力雄厚的大企业时，容易被牵着鼻子走，失去主导性；面对小企业时，又存在企业技术能力有限、不稳定等问题。还有，企业作为市场主体，追求更高的利润是其生存的前提，但政府又负有控制成本，用好纳税人的每一分钱的天然职责，两者在合作的同时，其目标又具有竞争性。如何在充分调动企业积极性的同时保持政府的主导性，需要审慎处理政企关系，划清两者竞争合作的界限。

在全国各地数字政府或者数字中国建设中，政府的数据横向打通，消灭政府部门之间信息或者数据孤岛是最难的命题。只有排除当前数字政府建设过程中遇到的建设标准不一致、数据不畅通、利益难协调、制度不健全的障碍因素，才能促进数字政府治理能力、决策能力、服务能力、创新能力的显著提升。

（二）数字政府建设的趋势

党的十九大提出要加快建设网络强国、数字中国和智慧社会。建设数字政府的本质体现了以人民为中心的服务型政府发展方向和发展目标。面向未来信息社会由信息时代向智能时代转型升级的历史新机遇，要求我们进一步增强运用互联网技术和信息化手段推动各项工作的能力和水平，不断提升国家治理体系和治理能力现代化水平。

1. 以人民为中心发展思想贯穿数字政府建设全过程

以人民为中心，这是数字政府最基本的价值导向。实现政府数字化转型更加迫切需要全面践行以人民为中心的发展思想。优质高效的政务服务是数字政府价值的直接体现。政务服务要以当前供给侧为主向供给侧和需求侧并重转变。以人民群众需求为起点，通过新技术应用不断创新政务服务模式。要充分了解使用服务的群体以及他们想做什么，以便构建一个对他们更有效的服务。首先，大力引导社会公众积极参与政府数字化转型，把公众需求反映、社会预期关注、政务服务响应及时有效地整合到数字政府建设目标上来，更为广泛地扩大公众参与、社会监督和政民互动的途径。其次，持续提升公众信息素养和社会信息化水平。进一步提高互联网普及率和宽带网络普及率，解决公民或网民互联网生活的技术门槛、资费限制。夯实国家网络基础设施和经济社会信息化就绪程度，让更多的社会公众能够方便快捷地运用互联网技术改善日常生产生活条件。最后，拓宽社会公众获取公共服务的渠道和路径。在全面深化改革中，以数字政府建设推动政府"简政放权、优化服务、放管结合"行政审批改革和管理体制机制创新。借助大数据、云计算、移动互联网和人工智能技术，提高政府公共服务供给能力。

2. 数据成为数字政府和智慧社会的关键

数据是信息时代的生产资料和基本要素。数字政府建设实质上催动了传统政府以权力为中心到数字政府以数据、信息、网络为中心的转变。数字政府相对于传统政府来说，一个质的飞跃就是数据赋能。政府信息公开、数据开放和信息服务的基础在于数据，加强数据基础设施建设，既是推进"数字中国"建设的重要内容，也是促进国家治理能力现代化的必由之路。数据已经成为数字政府和智慧社会的关键基础设施，成为驱动创新和引领发展的先导力量，是数字政府治理的核心。第一，构建先进、安全、可靠的网络基础设施和信息资源数据基石。数字政府以数字治理和数字服务为核心，建设全口径梳理、全活化归集、全精准管理、全过程评估、全方面使用的数据管控体系。第二，构建先进、安全、可靠的数字政府数据治理体系。形成数字服务、数字协同、数字治理、数字发展四位一体的体系架构。关注数字化驱动的创新创造，支持企业公众等多参与主体共商共建共治共享。第三，建设一体化大数据中心和智慧化在线服务平台。数字政府是推进数字中国建设的重要组成部分。随着信息技术的飞速发展和深度应用，数字政府建设已经迈向以数据为中心的阶段。构建统一的政府数据运行管理中心，确保数据的完备性、精准性、适用性、即时性和综合性。构建数据共享交换平台、数据管控平台、数据开放平台，夯实数字基础，促进数据互联互通和共享开放。

3. 政府数字化转型成为引领国家治理现代化的先导力量

政府数字化转型是引领经济社会高质量发展、落实网络强国战略、加快建设数字中国的必然要求。通过数字治理、数字服务和数字创新，将推进国家治理体系和治理能力现代化，实现科学决策、协同治理和优化服务。在打造服务型政府过程中，同步推进网络空间治理体系和治理能力现代化建设。第一，数字政府要全要素地推进政府基本职能数字化转型。在国家信息化战略顶层设计、统筹规划基础上，地方政府重点要对依法履行的市场监管、社会管理、公共服务和环境保护等基本职能实施数字化、网络化改进，尤其是要完善基本公共服务均衡化、网络化和一体化建设。第二，强化"数字政府即平台"的理念，将数字化作为政府提供公共服务和公众获取公共服务的优先方式。提高政府数字服务效能，改善民众与政府之间沟通互动关系。第三，围绕"五位一体"总体布局谋划数字化改进。实现行政决策科学化、市场监管精确化、社会治理精细化、公共服务高效化。在经济建设数字化改进上增强实体经济与数字经济的实效性和系统性；在政治建设数字化改进上着力夯实党全面领导下治国理政实践的社会基础和群众基础，充分运用互联网平台依法维护公众基本权利和扩大公众有序政治参与。在社会建设数字化改进上增多参与主体协同治理、网络可视化指挥和大数据分析。在文化建设数字化改进上强化互联网内容治理，传播正能量，弘扬社会主义核心价值观。在生态保护数字化改进上增强环境保护全方位全过程的数据监管和数字治理，围绕大气、水、土壤建立山水林田湖草组网实时在线监测体系。

4. 数字服务成为创新公共服务一体化供给格局的主要方式

基于移动互联网的在线政务服务成为社会公众最为直接、最为便利的服务访问获取渠道。第一，推进移动政务信息服务、数字服务，最大限度消减政府服务供给与用户需求的鸿沟。不断扩大政府部门和公共事业部门在线服务的覆盖程度，构建门、网、线、端、点等平台，促进"全网通办""一次办成"。第二，改进政务服务提供和获取模式，协调处理好数字政府建设各参与主体的责任和能动。创新公共服务获取路径，让公众能够便捷安全地数字识别访问获取。第三，整合各种服务方式和访问渠道，打通各信息系统或应用接口，让公众更加便捷查找和使用公共信息和数字服务。运用人工智能、大数据分析、融媒体等智能技术进一步整合"一站式"服务、全网通办、指尖办理等办事渠道和模式，探索个性化知识推送，一键收录精选集、全生命周期服务等，切实增强政府数字服务力。

5. 数字政府网络安全体系为构建总体国家安全提供管理平台

在数字政府、智慧社会和数字中国建设进程中，网络安全和信息安全问题愈发重要。数字政府建设要为整体的国家安全、社会安全和公众信息安全提供安全可靠的网络平台和数据保护。要在政府数字化建设过程中，及时构建符合国家总体安全要求的数字政府安全体系，建立健全网络安全和信息安全防范的规章制度体系，形成安全可管可控的安全保障体系。第一，建立安全可控的数字政府治理机制。贯彻"党委领导、政府负责、社会协同、公众参与、法治保障"的网络治理思路，协调完善数字政府建设各参与主体的责任和能动。第二，建设安全可靠的数字政府安全网络。建立健全安全可管可控的安全管理制度和规范，实现网络平台、信息系统互操作性和开放性，形成完备的网络安全与信息安全防范、监管、通报、响应和处置机制，保障政务业务安全、数据安全、运营安全，保证数字政府建设有序推进。第三，建成安全可信的数字政府诚信服务平台。采取协调一致的方式确保数字时代的隐私和安全。包括数字身份、数字社会的隐私保护，数字环境下的民主保障、网络金融和数字经济、数字化市场与消费者安全规制。通过实施有效的知识产权保护，完善促进数据交换共享和数据资源二次开发制度，形成数字治理、网络治理和智慧治理的多中心治理格局，不断增强政府治理能力和数字竞争力。

本章要点

1. 电子政务转型数字政府，数字政府是推动"数字中国"改革发展、推动社会经济高质量发展、再创营商环境新优势的重要抓手和重要引擎，是推进国家治理体系和治理能力现代化的重要战略支撑。

2. 数字政府是建立在互联网上、以数据为主体的虚拟政府，是遵循"业务数据化，数据业务化"的新型政府运行模式。数字政府建设的基础是数据。

3. 数字政府的关键是数据互联互通，信息共享，应用互操作，业务协同。

4. 建设数字政府的最大难题是由于管理体制、部门主义、各自为政、技术差异等导致的数据互联互通难，应用协同操作难，不同部门之间、不同行政层级之间条块分割、缺少协同，长期困扰电子政务发展的数据孤岛、业务烟囱等问题突出。

5. 如何打破条块分工带来的数据碎片化，是"数字政府"建设的关键。

第二章　RPA 机器人流程自动化

一、RPA 概述

（一）RPA 定义

RPA 是英文 Robotic Process Automation 的缩写，中文译为"机器人流程自动化"，又可以称为数字化劳动力（digital labor），是一种在计算机上运行的软件机器人，不是电影或工厂中的实体机器人，它通过模拟并增强人类与计算机的交互过程，实现工作流程中的自动化。例如，它可以控制计算机设备模拟人为操作，如打开 IE 浏览器，登录 12306 网站，输入车次，购买车票，甚至帮助我们自动支付（只要提供支付宝的密码给它），顺便再把订单截图保存，打开 Outlook 帮你发一封信给领导请假；它还可以读取、存储 Web API、Excel、Data Base 等数据，也可以连接两个应用程序的数据，这两个应用程序可能来自两个不同部门，甚至两个竞争供应商。将 RPA 应用于系统整合、数据交换及多系统互操作方面，较少受限原有系统的制约，并且不影响现有系统的正常运行。RPA还可以从文档或系统中提取信息，并为有需要的工作人员准备信息。RPA不仅可以模拟人类，而且可以利用和融合（如规则引擎、光学字符识别、语音识别、虚拟助手、高级分析、机器学习及人工智能等）现有各项前沿技术来实现其流程自动化的目标。RPA技术能够加快产品和服务的上线速度，降低成本并释放员工能力。因此，RPA正成为政府部门、企事业单位数字化转型的一条重要捷径。

简单来说，RPA是一款以屏幕显示为目标、可以记录键盘操作并自动回放的模拟人工执行计算机上重复、枯燥、烦琐、批量化操作的平台，类似于Excel中的宏和Photoshop的"录制动作——批量自动处理"文件。由此，RPA能够绕开直接访问数据库的困难，减少接口编程的复杂，大幅降低系统开发成本的投入，有效提高现有办公效率，准确、稳定、快捷地完成被赋予的工作。

（二）RPA的特点

RPA具有适用场景多、部署简单等诸多特点，相关内容后续详述，在此先列出一些简单、直观、初次接触者容易混淆和疑惑的特点。

（1）RPA不是一个目前我们常见的有着和人类一样外形的物理机器人，而是一款基于桌面记录的自动化软件，它可以模拟人类行为，出色地完成大量重复性、定义清晰、有固定逻辑而少有意外情况的工作（见图2.1）。

（2）RPA是一款外挂式软件，类似于微信中的App小程序，在调用政府、企事业单位已有系统功能和读取数据时，或与已有系统集成时，对现有系统影响小，基本不编码，实施周期短，而且对非技术的业务人员友好。

图 2.1　机器人代替人操作计算机

（3）RPA"虚拟"系统集成。RPA 不需要修改程序，既可以仿照人对 PC 机器的操作，轻松模拟从一个系统到另一个系统的数据重新生成，执行诸如登录系统、数据输入、抓取网页上的特定数据、复制和粘贴之类的任务，也可以跨多个系统运行多个复杂任务，可以通过在用户界面级别连接数据，而不用开发新的数据基础结构，从而在异构系统和新旧系统之间传输数据。

（4）RPA 不仅支持特定业务或应用程序，也可以通过简单的定制，迅速地适应业务的变化，如读取邮件和系统，运行烦琐的计算，生成文件和报告，检查文件等，应用范围非常广泛。

（5）RPA 主要是对固定业务，依照定义的业务流实现业务的自动化处理。

从本质上来看，RPA 应用的实现基础是传统的流程规则的明确，通常适用于如下方面：一是需借助计算机来完成的结构化、数量大、易出错、可重复的手工密集型工作任务及流程；二是基于规则预定义、逻辑性强、很少需要决策判断的任务及流程；三是需要跨平台、跨系统进行的任务；四是后端办公、数据查询、收集和更新等任务。RPA 是针对企业现有信息系统提供的外挂自动化软件，对企业已经存在的系统、应用和流程，都不会有任何的改动和影响，只是把需要人工操作的部分变成机器代替人来操作。

RPA 的出现，克服了传统行业手动密集流程中耗时、批量化操作、跨系统数据打通等痛点，能够替代重复的人工劳动，提高效率与准确率；打破数据交换的壁垒，有效优化业务流程，使企业全面提升竞争力。

二、RPA 的前世今生

（一）RPA 之前世：自动化的起源

2019 年 RPA 成为 IT 业和资本市场最火爆的关键词，但 RPA 并不是一个新生事物。

从刀耕火种时代，人类就尝试发明省时省力的工具，如河流上用于灌溉的水车、用于观察天象的浑天仪和地动仪、用来指示方向的指南车、墓穴里设置的机关，都是早期自动化装置的发明和尝试，其目的就是使用工具来模拟人类的手工操作。春秋时代（前 770—前 467 年）后期，被称为木匠祖师爷的鲁班，利用竹子和木料制造出一个木鸟。它能在空中飞行，"三日不下"，这件事在古书《墨经》中有所记载，这可称得上世界第一个空中机器人。东汉时期（25—220 年），我国大科学家张衡，不仅发明了震惊世界的"候风地动仪"，还发明了测量路程用的"计里鼓车"。车上装有木人、鼓和钟，每走 1 里，击鼓 1 次，每走 10 里击钟 1 次。这些自动化装置虽然形式与今天 RPA 很不一样，但基于同一个原理和目的。所以，古代中国其实才是这方面的始祖。

500 多年前，达·芬奇在手稿中绘制了西方文明世界的第一款人形机器人，它用齿轮作为驱动装置，由此通过两个机械杆的齿轮再与胸部的一个圆盘齿轮咬合，机器人的胳膊就可以挥舞，可以坐或站立。更绝的是，再通过一个传动杆与头部相连，头部就可以转动甚至开合下颌。而一旦配备了自动鼓装置后，这个机器人甚至还可以发出声音。

（二）RPA 之过去：机械臂、工业机器人、屏幕抓取、宏

此后，工业革命、战争催化了各种自动化装置和机器的研发和应用，蒸汽机、火炮等是典型代表。1920 年，捷克作家卡雷尔·恰培克（Karel Capek）在其剧本《罗萨姆的万能机器人》中最早使用了机器人（Robot）一词，它是最早的工业机器人设想。1954 年，美国人乔治·德沃尔（George Devol）最早提出了工业机器人的概念。1959 年，乔治·德沃尔和约瑟·英格柏格发明了世界上第一台工业机器人，命名为 Unimate（尤尼梅特），意思是"万能自动"。英格伯格负责设计机器人的"手""脚""身体"，即机器人的机械部分和完成操作部分；德沃尔设计机器人的"头脑""神经系统""肌肉系统"，即机器人的控制装置和驱动装置。Unimation 公司研制出的世界上第一台工业机器人开创了机器人发展的新纪元。1961 年，Unimation 公司生产的世界上第一台工业机器人在美国特伦顿（新泽西州首府）的通用汽车公司安装运行。这台工业机器人用于生产汽车的门、车窗把柄、换挡旋钮、灯具固定架，以及汽车内部的其他硬件等。

1974 年，第一台小型计算机控制的工业机器人走向市场，瑞典通用电机公司（ASEA，ABB 公司的前身）开发出世界上第一台全电力驱动、由微处

理器控制的工业机器人 IRB-6。IRB-6 采用仿人化设计，其手臂动作模仿人类的手臂。1978 年，美国 Unimation 公司推出通用工业机器人（programmable universal machine for assembly，PUMA），应用于通用汽车装配线，这标志着工业机器人技术已经完全成熟，PUMA 至今仍然工作在工厂第一线。直至 1984 年，世界第一座"无人工厂"在日本筑波建立，工业机器人技术变得更加成熟。此后，以德国、日本的汽车行业为首，越来越多的工厂开始选择使用机器人进行流程作业，代替工人从事那些繁重、危险的生产工作。

我国机器人的研究起步较晚。先后经历了 20 世纪 70 年代的萌芽期，80 年代的开发期和 90 年代的适用化期。1985 年，上海交通大学机器人研究所完成的"上海一号"弧焊机器人是中国自主研制的第一台六自由度关节机器人。1988 年国防科技大学研制成功六关节平面运动型"两足步行机器人"。2000 年，我国独立研制的第一台具有人类外形、能模拟人类基本动作的类人型机器人在长沙国防科技大学问世。

首台工业机器人主要用于自动执行一些简单的任务，如拾取、移动和放置装配线上的物品。随着新的技术不断突破，传感器和摄像头让机器人似乎可以"感觉"或"看到"接下来会发生的事情，其复杂程度和性能方面更是增长迅速。2001 年，美国麻省理工学院研发出了世界上第一个有模拟感情的机器人。

上述工业机器人处理的都是可见的物品，而 RPA 处理的则是看不见摸不着的物品：数据。过去的 30 多年见证了众多新兴 IT 系统在企业中的实施。包括内部部署系统，基于云的应用程序以及各种桌面应用程序等在内的众多系统，在维持着企业正常信息运转的同时，在这些不同的系统之间，却留下了长长的、难以被其他系统填补的微观数据处理间隙。

　　跨过这些间隙的唯一方式，就是人工从系统 A 将需要搬运的数据复制、粘贴甚至要经过适当处理才能导入到系统 B 当中。当系统的数量增加到 C、D、E 甚至更多之后，催生了屏幕抓取，甚至是 Microsoft Office 自带的"宏"（Macro）功能。例如，MS Office Excel 的 VBA 宏、录制宏和执行宏来批量处理 Excel 数据。

　　屏幕抓取（Screen Scraping），作为一种编程，它实现了继承应用程序跟新的用户接口之间的转换，简化了从遗留系统到当前系统的过渡。屏幕抓取可对软件进行编程以从计算机文件和网站收集数据。随着互联网的兴起，屏幕抓取软件迅速发展成为通过访问 HTML 代码从网站中提取数据的能力。

（三）RPA 之今天

　　RPA 继承了上述工具的优点，并发展出自己的特点。可以说，RPA 的概念早已有之，不过受限于当时技术与成本等因素，只能应用于大型企业，且基本都是根据自身情况定制化，所以市场上没有流通的产品，"养在深闺人不识"。同时，早期 RPA 有个最大的限制，就是只能处理有规则的结构化数据，无法处理那些复杂的非结构化数据，这成为 RPA 广泛应用的最大局限。例如，RPA 可以轻松处理数据上传、下载、查询这种固化的工作流程，但是它无法提取 JPG、PDF 等格式文件里的信息，所以 RPA 发展缓慢。直到 AI 技术的不断发展、计算能力的突破，以及全球各行各业的数字化转型探索，RPA 又重回企业视线，AI+RPA 的结合，如图像识别、机器学习，使 RPA 的应用范围得到了前所未有的拓展，因而可以处理以前无法完成的非结构化数据，四大财务机器人就是 RPA 最典型的应用。RPA 对行业并没有限制，所以，只要是基于规则的重复劳动，RPA 均可以取代人力。

目前的 RPA 技术应用已经日趋成熟，该技术的应用可让企业里员工配置计算机软件或"机器人"来捕获现有应用程序处理交易，操纵数据，驱动反应、互动，与其他信息系统进行通信，任何采用大规模人力执行的大量重复性工作。

以当下最流行的"财务机器人"为例，可以初识 RPA 技术之功能。

1. 何为财务机器人

RPA 并不是专门为应对财务工作而开发出来的，但在实际的财务工作中，RPA 技术的应用却异常丰富。虽然财务机器人顶着机器人的名号，但他并不是我们传统印象中那种长胳膊长腿的仿人形机器人，而是一种软件机器人，是流程自动化在财务领域中的应用。财务 RPA，就是将财务发生管理的各项业务，经过梳理，加入到机器人流程自动化系统中，减少现阶段财务会计人员的一些人工操作。例如，在财务工作的应付结算环节，需要采购订单、入库单、采购发票三单完成匹配后才能确定应付款。在 ERP 系统中一般入库单可以由采购订单推出，采购发票可以由影像系统 OCR 识别或从国税底账库调出信息形成发票单据。之后 RPA 可以完成发票和入库单的核对匹配工作，形成应付款单并导入共享平台。再如，在财务结算流程中，经常会有十几个甚至上百个需要执行的小任务，并且每项任务之间环环相扣、密不可分，完成一个任务才能开始下一个任务。另外，发票问题上有极大又烦琐的工作量，并且需要进行长时间的复核工作，以防出现作业失误的情况。针对此类价值不高的工作环节，RPA 可以完美地取代人力的投入，高效完成重复性高但却有逻辑性的工作。就 RPA 技术在财务管理领域的应用范围来看，基本覆盖了财务运营管理的方方面面。如账单管理、报表管理、预算管理、信用管理、税务管理、流程控制等。依据每个企业流程的规范化、标准化程度不同，

RPA 技术应用的范围也不同。目前的财务 RPA 机器人主要由三部分组成：机器人的眼睛——光学字符识别系统（OCR）；机器人的双手——机器人流程自动化（RPA）；机器人的账簿——电子账务记账系统。

目前的财务 RPA 机器人至少表现出如下应用优势：

①可替代财务流程中的高重复性、定义清晰、有固定逻辑的手工操作；

②通过 OCR 技术的加入，实现各种自动录入信息，合并数据，汇总统计，判断识别；

③机器人精准度高于人工，零失误率，$7 \times 24 \times 365$ 小时不间断工作，具有相当于人工 15 倍的超高工作效率；

④流程可视化，并全程监控和记录，能做到详细、实时地追踪所有流程步骤，因此具备极强的管控能力及审核能力；

⑤非侵入式集成数据，不影响原有系统；执行跨多平台、多系统的工作任务时，在虚拟环境下复制人机交互行为，无需人工操作，不会发生错误并提供自动校验和流程检查，安全稳定，是低成本、低风险的财务流程集成系统。

2. 财务 RPA 机器人的诞生

财务 RPA 机器人起源于 RPA 流程自动化技术的发展、成熟。2015 年前后，RPA 这个概念开始流行起来，RPA 是基于计算机编码的软件，是通过执行基于规则的任务使得手工活动自动化的一种技术。在这样一个数字时代全面来临的大背景下，随着全球信息化水平的不断提升，RPA 技术在各个行业被广泛应用，并首先在财务领域大放异彩。财务流程充满了搜索、传输、扫描、复制、粘贴、排序和筛选等操作，RPA 能够代替人工从事简单、重复的任务，减少手动流程带来的种种风险与效率低下等问题。较之于其他财务软件，财务 RPA 机器人应用灵活，可以根据不同的工作内容，编写不同的脚本，产生满足要求的各种类型的机器人。同时，机器人的使用规模可以按实际需求予以调整，部署灵活。运营财务和会计流程也是 RPA 发挥作用的绝佳示例。这些过程通常是重复的，通常会导致某种人为错误。财务审查准备、部门间对账以及财务计划和分析都为自动化提供了机会。更为重要的是，RPA 软件可以进行多任务跨平台的操作（包括访问多个系统进行数据收集，将数据在系统之间进行转移，在不同系统中更新同一信息等），不会干扰或影响计算机上现有软件系统。于是，财务 RPA 机器人诞生了。2018 年 5 月中旬，德勤的财务机器人"小勤人"引爆了四大会计师事务所，普华永道（PWC）、安永（E&Y）、毕马威（KPMG）随后也纷纷推出了各自的财务机器人，接连问世的这项智能财务"黑科技"不断颠覆着人们对于传统会计行业的认知，财务机器人俨然已成为财会人不再陌生的"小伙伴"。

3. 财务 RPA 机器人的进化

早期的财务 RPA 机器人主要是模拟人对鼠标、键盘的操作，无法处理非结构化数据等较为复杂的对象，而且一旦涉及如需要将实体数据录入计算机等复杂操作时，将会出现"断点"，无法实现全流程自动化。

近两年 RPA 技术的质变，也引起了财务 RPA 机器人市场的需求量变，再加上人工智能（artifical intelligence，AI）的到来，使得财务 RPA 机器人能处理一些流程相对更灵活的业务，使其充分发挥能量的场景进一步拓宽。

目前伴随财务 RPA 机器人的深度应用，这些简单、重复、有律可循的工作被财务机器人取代，解放了人力，财务人员的价值越来越体现在创造性的工作内容上。

三、RPA 的功能

RPA 是通过使用用户界面层中的技术，执行基于一定规则的可重复任务的软件。RPA 的基本功能是，机器人通过记录员工在计算机桌面上的操作行为，将业务处理规则和操作行为记录下来，并模拟人的方式在计算机上自动执行一系列特定的工作流程，包括键盘录入、鼠标移动和单击、触发调用 Windows 系统桌面操作（如文件夹和文件操作等），以及触发调用各类应用程序（如收发 Outlook、Word/Excel 操作、网页操作、打印文档，录音或录屏、打开摄像头、远程登录服务器、SQL Server 客户端操作、Lync 客户端发送信息、SAP 客户端操作、业务应用客户端操作、在 ERP 系统上的操作）等，并将这些操作行为抽象化变成计算机能够理解和处理的对象，然后按照约定的规则在计算机上自动执行这些对象。

例如，RPA 最常见的应用之一是自动创建发票。对于任何企业来说，这都是必不可少的功能，但对于人类员工而言，尤其是在大型公司中，每天可能要处理成百上千个功能相同的发票，这通常是一个烦琐、重复且耗时的过程。

但是，由于创建发票的过程是高度结构化的，因此在 RPA 的帮助下，它是自动化的理想选择。在典型的业务中，此任务的工作流程可能如下所示：

①电子邮件收到发票请求；

②操作员打开相关的计费软件；

③信息从电子邮件转录到软件中；

④根据此信息创建发票并保存；

⑤通知发件人该发票已创建。

一旦收到电子邮件发票请求，就可以对有效的 RPA 工具进行编程以执行所有这些步骤，而无需人工输入。事先正确地准备和清除数据，以便以正确的结构化格式显示数据，该机器人可以轻松地将其从一个字段复制粘贴到另一个字段而无需监督。

下面这些事情 RPA 都能做：

自动操作键盘；

自动操作鼠标；

识别并读取画面的文字内容；

识别画面的图形、颜色等属性；

自动启动、关闭各类应用程序，自动输入用户名、密码；

定时执行；

支持远程操作；

同时控制多台计算机；

在不同应用程序之间复制数据；

支持错误处理和分支处理；

支持历史数据分析；

……

所以，从功能上来讲，RPA 是一种处理重复性工作和模拟手工操作的程序，可以实现以下功能（不限于）：

（1）执行大量重复的任务处理。RPA 能够自动操作键盘、自动操作鼠标、自动启动关闭各类应用程序、自动输入用户名和密码、自动访问各个应用系统（当然要有授权），等等。

（2）数据检索与记录。RPA 可以跨系统进行数据检索、数据迁移以及数据录入。

（3）数据上传与下载。RPA 能够按照预先设计的路径，上传和下载数据，完成数据流的自动接收与输出。

（4）数据加工与分析。包括数据检查、数据筛选、数据计算、数据整理、数据校验。

（5）自动生成报告：RPA 能够随时、定时自动提取数据，进行计算，生成准确，有效和及时的报告。

（6）图像识别与处理。通过 OCR（optical character recognition，光学字符识别）技术识别信息，并可在此基础上审查和分析文字。

（7）执行多项任务：RPA 能够跨多个系统运行多个复杂任务，这有助于处理交易，处理数据和发送报告。

（8）数据迁移：RPA 可以通过系统自动进行数据迁移或跨多个系统数据传输，而这是使用传统媒体（如文档、电子表格或其他源数据文件）无法实现的。

（9）"虚拟"系统集成。RPA 可以通过在用户界面级别连接数据，轻松模拟从一个系统到另一个系统的数据重新生成，执行诸如数据输入、复制和粘贴之类的任务，而不用开发新的数据基础结构，从而在异构系统和新旧系统之间传输数据。

（10）信息验证和审计：RPA 能够快速、批量比对数据，解决和交叉验证不同系统之间的数据，验证和检查信息，以提供合规性和审核输出。

（11）信息监控与通知。RPA 可以基于模拟人类判断，监测信息状态（是否收到、时限），自动出具报告，并基于明确规则决策、自动实现工作流分配和发出信息通知。

因此，RPA 是数字化的支持性智能软件，也被称为数字化劳动力（digital labor）。

相比于传统软件，RPA 开发周期更短、设计更加简单，这主要得益于

RPA 的技术特点：

（1）机器处理。RPA 可以 7×24 小时不间断地工作，工作效率高。

（2）基于明确规则。RPA 主要是代替人工进行重复机械性操作，应用 RPA 需要基于明确规则编写脚本。

（3）以外挂形式部署。RPA 是在用户界面进行操作，因此不会破坏企业原有的 IT 结构。对于改造过于昂贵或复杂，无法在短期内进行的项目，采用 RPA 软件机器人解决方案，快速实施，快速见效，减少成本，提高效率。

（4）模拟用户操作与交互。RPA 主要模拟的是用户手工操作，如复制、粘贴、鼠标单击、键盘输入等。

RPA 和人工智能都能在一定程度上替代原有的人工劳动，但是二者有很大的区别。RPA 只能依靠固定的脚本执行命令，并且进行重复、机械性的劳动；人工智能结合机器学习和深度学习具有自主学习能力，通过计算机视觉、语音识别、自然语言处理等技术拥有认知能力，可以通过大数据不断矫正自己的行为，从而有预测、规划、调度以及流程场景重塑的能力。

RPA 与人工智能更像手和大脑的关系。RPA 倾向于重复地执行命令，人工智能更倾向于发出命令。除此以外，RPA 是自动化发展过程中的不同阶段。AI 技术在企业中的应用还处在初步探索阶段，从短期趋势而言，企业更倾向于以标准化、逻辑清晰的 RPA 为基础，逐步向智能化程度更高的 AI 方向发展。未来，随着 RPA 技术的不断发展，RPA 与 AI 融合也是行业的一大趋势。

相比与传统软件开发，RPA 具有以下明显的优势：

（1）RPA 能够 7×24×365 小时地无间隙工作，其具有相当于人工 15 倍的超高工作效率。

（2）机器人的使用规模可以按需求调整。例如，在每年高峰期处理大量的数据。

（3）由于它能做到详细、实时地追踪所有流程步骤，因此 RPA 具备极强的管控能力及审核能力；

（4）在虚拟环境下复制人机交互行为的 RPA 机器人无需人工操作、不会发生错误并提供自动校验和流程检查，可以说，它是低成本、低风险的异构系统互连首选。

四、RPA 应用场景

一般而言，RPA 非常适用于规则明确的业务高频、工作量大、人工操作重复、时间长的任务。规则明确，就是可以把人工操作的每一步动作都能清晰、准确、详尽地描述出来，写出来形成操作手册，简而言之就是流程的标准化程度要足够高，流程的标准化过程要足够细。

RPA 适合做哪些工作？实践证明，具有如下特征的工作，最适合使用RPA：

（1）借助计算机来完成的结构化的、可重复的工作任务；

（2）基于规则预定义的工作任务；

（3）跨多平台、多系统执行的工作任务；

（4）数据查询、收集和更新相关的工作任务；

（5）具有逻辑性强的工作任务。

RPA 的应用场景不受行业和部门限制，只要符合 RPA 两个基本条件：大量重复（让 RPA 有必要）、规则明确（让 RPA 有可能），都可以应用 RPA。以常用 RPA 工具 UiBotRPA 为例，RPA 能很好的运用在银行金融、证券、公共部门、保险、医疗保健、制造等行业（见图 2.2）。

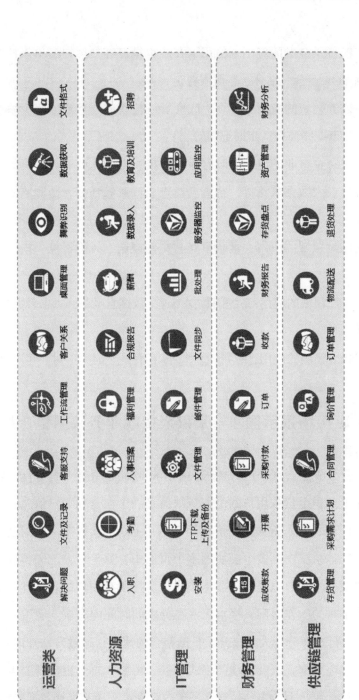

图 2.2　RPA 常见功能

（1）在银行及金融的应用：信用卡在线审批、客户黑白名单审核、零售贷款、ATM/POS 运营、结算、客服服务流程等。

（2）在证券领域的应用：清算（或资管或托管或财务或零售）系统、自动开闭市、开市期间监控、定时巡检等。

（3）在政府企事业的应用：政府流程审批、电子化政府等，跨部委之间数据打通对接、大数据采集等，督查、检查、核对等任务，监测监控、自动巡检等。

（4）在保险领域的应用：索赔审查、文件报送、风险管控、核保、系统清算等。

（5）在医疗领域的应用：系统间数据传递，数据自动录入、患者数据处理、医保对账等。

（6）在制造领域的应用：供应链管理、库存管理、财务应付、客户服务等。

（一）应用场景示例 1：公积金贷款业务数据整合和报送

为了配合公积金管理部门的要求，中国邮政储蓄银行上海分行需要整理提交所有存量公积金贷款用户的个人贷款信息、个人贷款账户信息、个人贷款账户变动信息、个人贷款逾期信息等 7 类共 100 多项数据。由于这些数据分布在个人贷款系统中的多个模块的多个页面中，如果靠人工去整理，最熟练的员工整理一个用户也至少需要半小时，要把所有用户信息整理完成，至少需要上千小时的工作时间，根本无法在要求的时间内完成。运用 RPA，中国邮政储蓄银行上海分行大大提升了数据整合的速度，通过自动查询，跳转、获取数据、整理数据，以及自动的格式转换，将原本每个用户需要半小时完成的业务，缩减到 20 秒左右，最终在一天内就完成了所有期初数据采集工作。

同时，对于每天的业务变动，RPA 实现了自动的数据更新，将人工需要一整天才可以整合完成的更新数据，几十分钟内就处理完成，大大提升了数据更新的及时性以及准确性。

（二）应用场景示例 2：电力系统供电局每天巡检

供电局每天登录电网业务系统，对变压器油色谱、GIS 局放、套管局放、主变局放、断路器、避雷器、铁芯电流、CVT 绝缘等 11 种设备类型进行日常巡检监控（见图 2.3）。每天用时 2~4 小时，每月花费约 60~120 小时。

图 2.3　供电局每天巡检——人工操作

运用 RPA 机器人：操作员打开机器人设置好需要检测的设备类型，机器人到业务系统挨个切换设备类型进行检测，生成设备运行状态报表。实现自动化，更及时高效，节省人力（见图 2.4）。

图 2.4　供电局每天巡检——应用 RPA

（三）应用场景示例 3：财务报表统计整合

中国邮政储蓄银行上海分行每月需要通过系统导出各个区支行的多种维度的财务报表，并且按照要求总计整合。使用 RPA 系统后，可按照要求，自动复选多项业务参数，导出不同的报表，并且自动处理合并，最终得到所要求的报表。这一过程只需要短短的 3~5 分钟，较之人工处理需要的 3 小时，大大节省了时间。

（四）应用场景示例 4：银行系统对公开户资质审核

银行系统对公开户资质审核的人工操作和应用 RPA 对比如图 2.5 和图 2.6 所示。

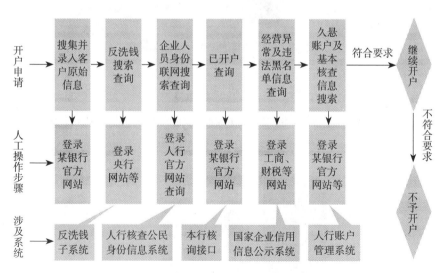

图 2.5　银行系统对公开户资质审核——人工操作

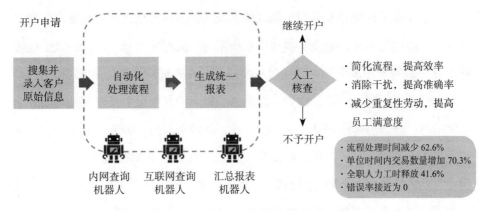

图 2.6　银行系统对公开户资质审核——应用 RPA

同样，在信用卡审批录入中，可以通过 RPA，将海量客户信息集中自动导入系统，并且自动审批，导出结果；风险管控中，可根据预设的风险提示值，自动检查是否存在风险，并且给予提示和处理。

征信管理中，RPA 可以加载 OCR 影像识别，自动查询征信，并且比对、找出有问题的记录；RPA 可以自动从多渠道提炼信息，合并处理成报表，进行简单的逻辑管理，自动提交，用于满足各业务部门、上级部门，以及监管部门的要求。

除了上述各行业应用场景，RPA 还可以在各职能岗位发挥作用。常应用 RPA 的职能岗位有：

（1）应用于财务部门，RPA= 财务机器人，用来实现企业财务共享管理自动化；

（2）应用于 HR 部门，RPA=HR 机器人，用来实现企业人力资源管理自动化；

（3）应用于 IT 部门，RPA=IT 机器人，用来实现企业 IT 工作自动化。

一般企业（包括政府部门）的软件系统通常由多家软件供应商逐步开发完善而成，因而很难有企业能够将多个系统用统一流程来实现。所以，员工在实际工作中，需要在多个系统间通过切换应用，在不同应用间完成浏览、查询、提取、比对、复制、粘贴、检查、修改的工作。而其中很多操作都是利用一个关键信息，查询后修改，这些烦琐的工作，既浪费时间，创造价值又低。自从工业 4.0 概念提出以来，系统间的集成便成为众多企业所要面对的一个难题。企业为此需要解决上下游之间的集成（横向集成），不同管理层级之间的集成（纵向集成）以及产品生命周期、从设计到服务的集成（端到端集成）。

解决集成问题，通常有两种方式，一是通过数据集成，二是应用调用集成。数据集成需要集成者可以访问数据库，通过应用调用集成则需要被调用应用能够提供 API 接口。但并不是所有应用软件都提供数据结构，也并不是所有软件都会提供 API 接口。

如何实现没有数据结构和 API 接口的应用集成？能够自动处理不同之间系统调用的 RPA 技术可以派上了用场。

RPA 解决集成难题的原理：

集成也可看作是对于应用的调用，可以通过模仿人对电脑应用的操作，如用程序来模拟用户的键盘、鼠标输入来实现。

作为一种软件机器人，RPA 机器人可根据预先设定的程序（用于设定流程调用对键盘鼠标的输入），模拟用户的键盘、鼠标输入，并通过工作流来调用。

RPA 擅长解决三类集成难题：

（1）没有数据接口、应用接口的应用集成；

（2）员工处理的多个应用的流程集成；

（3）跨部门、不同人处理流程的高效集成。

针对第一种情况，RPA 充当各系统、各应用间的"摆渡车"，以外挂形式，在不影响企业原有 IT 系统结构的同时，解决接口缺失问题。

针对第二种情况，当涉及多个用户处理的流程，由于流程周期长，员工很难 12 小时、甚至 24 小时随时在线，而人工处理时间有时还会延时。RPA 机器人可以实现 24 小时办公，全天候值守。

涉及多个人的流程，通常因为人的延时处理而减慢了流程处理。RPA 机器人替代人处理流程，可以实现不同业务员之间的业务集成，降低流程处理时间。对于很多行业而言，降低处理流程时间，可以极大提高服务水平。

RPA 在异构系统之间数据交换潜力巨大，特别是对于缺少技术支持的原有系统、出于安全因素不便提供数据库访问及代码库的，或开发访问接口复杂等情形的，RPA 解决这些问题的能力凸显，这正是当前数字政府建设的关键所在！

五、RPA 应用案例

本节以 UiBot 为代表的机器人流程自动化（RPA）为例，描述 RPA 技术在电力、银行、物流、电商及政府等领域中的应用。

（一）案例一：电网公司将 RPA 技术应用于业务扩充工单管理，实现工作效率和客户服务质量的全面提升

1. 项目概要

目前中国的电力行业已开始将 RPA 机器人推广到各种业务场景，例如，

利用 RPA 机器人解决电力设备的日常监控难题，实现客户服务质量的提升。该项目是电网市级公司利用 RPA 机器人来提升业务扩充工单（以下简称"业扩工单"）管理的效率。项目实施后，业扩工单管理不再需要员工值守，工作效率和服务质量全面提升，通知准确率 100%，荣获电网科研创新比赛奖项。

2. 项目背景

该市级电网公司担负着所在市行政区域内的主电网规划建设和电力供应任务，共有员工 1000 人左右，拥有以 500 千伏为支撑，220 千伏双环为主网，110 千伏辐射各县（区）的超高压、大容量的现代化电网。庞大的电网系统和客户规模，也带来了种类繁多且数量巨大的业务扩充工单。业务扩充管理指为客户办理新装、增容、变更等用电相关业务手续，制定和答复供电方案，对客户受电工程进行设计审核、中间检查和竣工检验，以及签订供用电合同、装表接电并建立客户档案的管理过程。

3. 业务挑战

国家有关部门对电网公司受理工单时限做出了严格的规定——2009 年国家电力监管委员会发布的《供电监管办法》中要求"供电企业向用户提供供电方案的期限，自受理用户用电申请之日起，居民用户不超过 3 个工作日，其他低压供电用户不超过 8 个工作日，高压单电源供电用户不超过 20 个工作日，高压双电源供电用户不超过 45 个工作日"。

该公司一直采用人工手段管理业扩工单，工作的具体流程为：

（1）人工登录营销系统查询投诉、举报、建议、意见等 4 个类型的业务工单；

（2）对比各工单所涉及环节的处理时间；

（3）计算并筛选出即将到期（在处理期限的前半个工作日）的工单；

（4）通过 OA 系统发送消息给相关工作人员，推进即将到期的工单办理；

（5）每周将以上工单情况统计成报表。

人工管理的方法费时费力，且容易延误、出错。公司每周要处理的业扩工单类型多达几十种，数量在 230 例左右，员工每天需要在业务系统和 OA 系统之间频繁切换来查看、统计和通知。

该企业的管理者了解到其他地区的电网公司已开始在业务场景应用和推广 RPA 技术，其中同行业某公司借助 RPA 平台成功解决了电力设备的日常监控难题。经过对市场上 RPA 产品进行对比和评估后，该企业管理者充分认可 RPA 产品 UiBot 的易学、易用和快速部署的特点，希望应用其提升业扩工单管理的效率和准确度，为客户提供更高质量的服务。

同时，在该项目中，企业还有如下两个需求：

（1）通过 RPA 机器人实现企业两大系统间数据的打通；

（2）仅 10 个工作日内，实现需求场景的自动化升级。

首先希望能够快速部署和落地，尽快帮助员工提升工单管理的效率。同时，因为业扩工单管理涉及营销系统和 OA 系统，所以需要通过 RPA 机器人打通两个系统间的数据，将工单需求和负责该工单处理的工作人员连接起来。RPA 机器人作为非侵入式的手段，不仅能够满足快速落地的需求，且具备明显的成本优势。

4. 解决方案

通过 RPA 机器人实现企业营销和 OA 两大系统间数据的打通。工作全流程都通过 RPA 机器人完成，首先由 RPA 机器人自动登录企业的营销系统，每隔 1 分钟自动查询各类工单，并计算待办时间，筛选出符合条件的工单，再登录 OA 系统通知工作人员处理工单，最后将每周处理的工单情况生成周报表（见图 2.7）。

图 2.7　业扩工单管理自动化机器人工作流程图

从需求梳理、方案设计到落地实施，RPA 机器人产品 UiBot 来也科技公司仅用 10 个工作日就实现了业扩工单场景的自动化升级，同时还为相关业务人员提供了简单的 RPA 产品培训。

5. 应用效果

（1）效率全面提升，实现通知准确率 100%；

（2）项目荣获电网科研创新比赛奖项。

应用 UiBot 的 RPA 机器人，极大减轻了一线人员的工作压力，不再需要人工值守，且机器人保持了 1 分钟查询 1 次的频率，确保没有任何工单被遗漏，准确率达 100%。该项目也帮助该分公司在"电网科研创新比赛"中荣获奖项。

RPA 技术带来即时可见的效率提升，以及客户服务质量的改善，坚定了管理层在其他业务场景中推行 RPA 的信心，企业决策层决定将财务场景作为下一阶段 RPA 推广的重点方向。

（二）案例二：地方检察院使用 RPA 和 AI 相关技术，实现文书开具和案卡录入的自动化

1. 项目概要

利用 RPA 平台所具备的 OCR 技术能力，让检察院工作人员从重复烦琐的案卡建立和文书开具工作中解放出来。即便在离线状态下，RPA 机器人也能够对纸质文档内的信息进行提取和整理，完成案卡录入工作，节省了 80% 的工作时间，实现正确率 100%。该项目获得行业全国信息化系统评比金奖。

2. 项目背景

随着司法责任制改革的深入推进和案件信息公开的发展，纸质卷宗跟随案件在公检法系统流转的同时，带来了大量的扫描和录入工作。

在检察机关的统一业务应用系统中，"案件"构成的基本单元即为案卡。在收到公安部门的纸质案件卷宗时，检察院工作人员需要将卷宗扫描存档，然后手动将卷宗内的基本案情和嫌疑人信息等内容录入案卡，而案卡是后续案件办理过程中开具各类文书的依据。

某市检察院每日接收公安部门案件卷宗六七例，每例 300 页左右，工作人员先扫描卷宗，然后按照指定的格式进行编目与归类，再录入案卡。在案卡建立和填写过程中，工作人员注意力必须高度集中，避免因信息录入错误影响到案件相关人的权益。同时，同一案件关联多个嫌疑人，各区院文书内容又各不相同，因此工作人员需要根据不同要求开具不同类型的文书。案卡录入和文书开具工作量大，有时甚至花费人工 1 天的时间都无法完成。

3. 解决方案

经过自动化需求调研和对业务场景的流程梳理，首先基于案卡录入和文书开具两个场景，为该检察院定制 RPA 机器人。

实现自动化后，案卡录入由信息员先对收到的公安卷宗进行扫描，通过 UiBot 平台所集成的 OCR 技术能力，对扫描的内容进行识别，并根据分类要求进行规整编目。编目完成之后，RPA 机器人打开业务系统，将编目好的内容录入案卡（见图 2.8）。

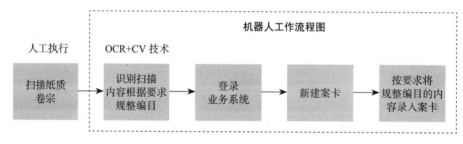

图 2.8　案卡自动录入机器人工作流程图

对于文书开具，由检察官或者书记员先选择需要开具的文书模版，RPA 机器人自动登录到检察机关的统一业务应用系统中，提取案件相关信息并选择涉案人员填入文书模版，最后自动生成案件与人员对应的文书，达到一键开具的效果（见图 2.9）。

在该项目中，2 个月内完成针对多种卷宗识别录入和 32 种文书开具的自动化部署，项目交付周期 2 个月左右。

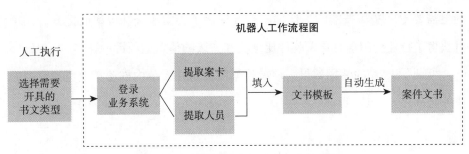

图 2.9　文书自动开具机器人工作流程图

4. 业务创新

实现案卡录入自动化的关键在于，能够识别扫描文档里的非结构化数据，并对其进行分类整理，通常要依赖 OCR（光学字符识别）技术来实现这个要求。但是市面上的 OCR 能力多数作为在线的服务提供，必须在联网环境中进行，而检察院的系统需要保持离线状态。同时 OCR 技术供应商开具的费用较高，且很难为单个 RPA 厂商提供定制服务。该项目不仅运用 RPA 技术成功地解决了卷宗识别、案卡录入和文书开具等业务难题，还利用 RPA 产品 UiBot 平台中自身集成的 OCR 在内的 AI 相关功能，在 RPA 机器人与 OCR 技术相结合和节省企业使用 AI 技术供应商的成本两方面实现了创新，因此可成为离线环境下最便捷稳定的应用手段。

5. 应用效果

（1）节省 80% 的工作时间，实现正确率 100%；

（2）获得行业全国信息化系统评比金奖。

RPA 帮助案卡录入的信息员节省了 80% 的工作时间，一个案件（平均 5 个嫌疑人）的文书开具时间由 2 小时缩短至 5 分钟，实现正确率 100%。RPA 让工作人员从重复烦琐的案卡建立和文书开具工作中解放出来，将时间利用到更需要专业法律技能的工作中，有效促进了办案质量和效率的提升。该项目获得了行业全国信息化系统评比金奖和省级的信息化项目一等奖。

见证了 RPA 的使用效果，该市检察院决定在系统内推动实现更大范围的业务自动化。

（三）案例三：物流企业利用 RPA 技术实现财务领域岗位变革

1. 项目概要

RPA 在供应链领域的运用取得了可观的成果，据全球技术研究公司信息服务集团（ISG）2017 年的一项研究表明，自动化技术可使订单到现金流程所需资源减少 43%，开具发票所需资源减少 34%，供应商和人才管理所需资源减少 32%。该例的物流企业希望在销售管理、对账、人力资源、客服等场景陆续推行自动化。项目实施后，原人工处理的发票维护工作由 RPA 机器人自动完成，实现录入正确率 100%，释放财务人员将其精力投入到专业性更强的工作之中。

2. 项目背景与业务挑战

该企业是一家供应链物流管理平台服务企业，业务涉及制造业上游的原材料到成品，以及下游从成品到终端消费者的全程端到端供应链整合。

该项目主要业务需求：

（1）首先在发票维护场景应用 RPA。之前，企业每日业务产生的大量发票一直由人工进行维护，工作量大、效率低且极易出错。同时，发票维护岗位流动性也很大——一方面，该岗位涉及大量重复烦琐的工作内容，员工很容易感觉乏味；另一方面，员工在发票维护工作中无需学习财务技能，个人成长的空间很小。虽然发票维护不涉及财务专业知识，新员工培训两天即可上岗，但员工频繁离职，公司也需要投入时间和精力去招聘和培训人才。

（2）该企业使用的 ERP 管理系统已有 20 多年历史，系统老旧、小众。要求对不同系统和软件的 UI 具备广泛的兼容性，保证 RPA 机器人可以在该系统准确录入发票信息。

（3）更了解和适合中国企业的产品，具有结合 AI 技术的功能，可以应对更多场景的自动化需求，能够逐步向更多业务场景推行。

（4）因不可抗力（如疫情）影响，快递问题件的业务量剧增，大量问题件需要上报处理。目前累计异常件数以万计，人工手动将几万条异常数据，逐条上报到物流后台系统，则要耗费大量的人力成本与时间成本。

3. 解决方案

该项目涉及原有的发票维护和异常件上报两个人工流程，其中发票维护涉及的信息系统有 Excel 和发票系统等，异常件上报涉及的信息系统有 Excel 和物流系统后台等。在该场景涉及的业务人员计算机中部署相关的机器人，部署机器人的数量取决于原手工操作业务人员的数量。

（1）应用场景一：发票维护机器人。

项目前期，RPA 产品的售前咨询顾问、产品研发人员与该企业的财务人员共同对发票维护场景进行了流程梳理。由 RPA 产品团队设计了该场景的自动化方案，实现了发票维护工作自动化。

发票自动维护机器人工作流程（见图 2.10）如下：

图 2.10　发票自动维护机器人工作流程图

①整理发票信息模板形成 Excel 文件；

②进入发票系统；

③查询单张发票信息；

④进入发票维护功能；

⑤进入或粘贴整理好的发票信息；

⑥退出输入程序界面；

⑦保存该张发票信息。

（2）应用场景二：物流异常件上报机器人。

物流异常件上报的工作流程如下：

①客服手动打开异常件 Excel 表；

②手动打开物流后台系统；

③手动打开 Excel 表格中异常件数据；

④将数据输入到后台系统对应的字段当中；

⑤重复步骤①—④。

在客服业务人员计算机上部署物流异常件上报机器人之后，客服只需启动机器人，选择 Excel 与图片文件夹，机器人自动将数据按规则上报后台（见图 2.11）。

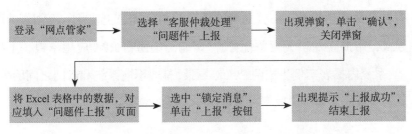

图 2.11　物流异常件上报机器人工作流程图

4. 应用成果

RPA 机器人极大提升了财务部门的发票维护效率，且实现录入正确率 100%，企业无需再单独设置发票维护岗位，原来发票维护岗位人员也可以学习更多财务技能，去胜任成长空间更高的职位。

物流异常件上报机器人提升客服效率 500%，准确率达 100%，且运作时间可以达到 7 × 24 小时。

该企业对 RPA 的使用效果非常认可，计划陆续在财务、人力、客服等场景部署约 50 个机器人，将员工从重复烦琐的工作中解放，专注于更需要创造力的工作内容。

（四）案例四：国有能源集团利用 RPA 技术打通跨系统和部门数据，实现财务流程自动化

1. 项目概要

安永曾在 2018 年第五期的《绩效》刊物中提到："基于工作的重要性与属性，财务管理是 RPA 的重点和领先应用领域。安永的调查显示，62% 的财务高管'同意'或者'非常认同'财务流程自动化的进步将会对其未来 12 至

24 个月的业务产生影响。RPA 将为企业带去更智能、更优化、更创新的财务管理方式，帮助企业增大竞争优势。"该能源集团将 RPA 应用于银企上报对账、ERP 系统内报表实例生成两个工作场景，打通不同系统和部门之间的数据，提升以上场景的整体工作效率，节省财务人员的时间。

2. 项目背景与业务挑战

该国有能源集团业务涵盖煤炭、火电、新能源等多个产业，集团庞大复杂的产业和数量众多的子公司为公司的财务工作带来巨大工作量。如何利用人工智能、大数据等新技术手段进行高效的财务管理一直是该集团关注的重点之一。近年来，RPA 在应收与应付账款处理、财务监管、市场预测与分析等财务场景的应用引起了集团决策者的关注，因此该集团希望利用 RPA 平台打通各业务系统之间的数据，替代人工完成重复烦琐量大但无技术含量的操作。

项目所涉及的银企上报对账工作，涉及了外部的网络银行系统和内部的 SAP 系统，最终还要将企业未达对账项发送给相关业务人员。跨越两个系统和部门的对账工作，通常由财务人员完成。企业迫切需要通过 RPA 机器人跨系统打通数据，无须再由财务人员重复烦琐的操作。

主要业务需求：一是打通外部网络银行系统和内部 SAP 系统，进行对账，解放财务人员。二是将企业未达对账项发送给相关业务人员。

3. 解决方案

经过一周的深入调研，机器人技术团队与集团财务人员针对"银企上报对账"和"ERP 系统内报表实例生成"两个场景进行梳理，由技术团队设计、制定、实施了自动化方案。

在工作人员计算机上部署机器人，用于实现自动登录银行系统和 SAP 系统，自动导入对账单对账的功能。

　银企网银上报对账流程（见图 2.12）如下：

　①单击运行 UiBot 的网银上报程序；

　② UiBot 会自动登录企业的 ERP 系统；

　③进入 SAP 流程；

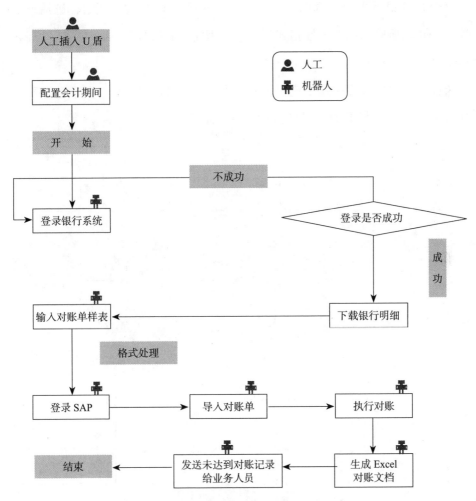

图 2.12　实现自动化后的银企网银上报对账

④输入需进行上报的公司信息；

⑤上传本地对账模板文件；

⑥UiBot 在后台自动执行对账；

⑦工作完成后弹出程序结束对话框。

这个对账流程里面是 SAP 系统内部自动对账，所以不需要进行数据处理。

但是从银行里面下载的网银明细，是需要进行格式处理的，包括列顺序的调正和删除，以及日期格式化等，处理完达到模板标准，才能成功导入 SAP 里面进行对账。

而数据格式处理是这个流程里面人为操作最耗时的步骤，所以这一部分实现流程自动化将可节约大量时间（见图 2.13）。

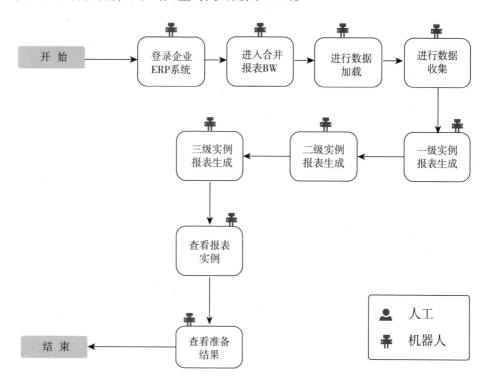

图 2.13　实现自动化的 ERP 系统内报表实例生成

整个项目经过三周实施，完成了交付。随后技术团队为该集团的财务人员和 IT 人员进行了为期一周的 RPA 知识和技能培训，大部分学员在培训结束后获得了 RPA 专业认证证书。

4. 应用成果

与过去人工操作相比，使用 RPA 机器人后，两个财务场景的工作效率提升了 30%，节省了财务人员在此场景下 40% 的工作时间，他们可以专注于需要更多专业技能性强的工作。见证了 RPA 机器人为企业带来切实可观的回报后，决策者决定将 RPA 机器人扩展推广到人力和业务部门。

（五）案例五：某全国连锁药店通过 RPA 技术实现 3500 家门店每日财务数据汇总自动化

1. 项目背景

该连锁药店创立于 2001 年，是全国大型药品零售连锁企业。目前，公司在北京、上海、湖南、湖北、江苏、江西、浙江、广东、河北等九省市拥有连锁药店 4127 家，在职员工 20000 多人。该企业曾在 2017 年和 2018 年连续入围中国上市公司价值百强榜。该连锁药店集团一直很重视企业的数字化转型发展，目前已经使用国际先进的信息管理系统、物流管理系统、仓库控制系统对业务、财务、人力资源进行管理，并建成了大型现代医药物流中心。

同所有连锁零售企业一样，伴随经营区域和门店数量的发展，企业承受着运营成本、劳动力资源、业务增速等方面的压力，尤其表现在财务工作中。

其中，以每日各门店的财务数据汇总工作为代表——该项工作每天需要各门店共 200 多名财务人员参与，平均每个门店花费约 30 分钟完成，但并不涉及任何财务技能的运用，只是将每个门店的各类交易客户端的数据导出、整理和汇总即可。

2. 业务挑战

在该财务工作中，工作人员每天要在统一的时间点完成 4000 多家连锁药店与直营药店的财务数据汇总，但以下问题加重了工作的烦琐程度，占用了大量时间：

（1）每个门店都涉及医保、银联、第三方支付等多种交易方式的数据采集。

（2）各门店所用的医保系统的品牌及版本没有统一，导出的数据还需要进行统一的格式处理。

（3）部分门店会涉及多个医保结算中心的数据采集。

（4）部分门店未接入公司总店的财务网络，需要该门店的财务人员采集数据后，再汇总给总店的财务人员。

有限的时间、巨大的数据量、多名参与人员，因此极易出错。当数据出现错误时，又需要花费大量的时间和人力进行排查纠错。针对这些痛点，迫切需要自动化手段来优化业务流程，减轻财务人员的压力。

3. 解决方案

考虑到产品的简单易用和售后能力，经过市场比对，该企业选择了国产 RPA 平台 UiBot。

因为药房门店涉及了十几个不同品牌不同版本的医保客户端，所以要求

RPA 机器人必须能识别各类医保系统的 UI 界面才能准确的采集信息。同时，150 家连锁门店网络和总部不通的问题也必须解决。

经过对需求场景的梳理，开发团队用 2 天时间完成了针对用户具体应用的验证性测试，并在 50 个工作日内在 3500 家门店部署了 UiBot 平台的 RPA 机器人，3 个月完成交付，成功实现了跨系统跨版本的医保客户端数据采集，同时，解决了部分门店的网络连通问题。

对于多个门店的情况，采用 UiBot 的一个 RPA 控制管理中心（指挥官）加多个 Work 劳动者（机器人）模式部署。指挥官是 RPA 机器人管理中心，用以对机器人工作站进行综合调度与权限控制；Worker 劳动者是 RPA 机器人工作平台，它有定时启动、重复执行、条件触发等多种执行方式。

根据门店支付系统运行环境，在药房总部的机房部署 1 个 UiBot 指挥官和 7 个 Worker 劳动者，机房 7 个 Worker 劳动者上部署全量的支付环境，通过专线连通到医保等支付平台。150 个部门门店部署 Worker 劳动者。药房部分门店因为软件版本或网络等问题无法集中到总部部署，在其门店部署 Worker 劳动者。

UiBot 指挥官对这 7 个 Worker 劳动者的工作情况进行监控，高效和动态地调度程序流程任务给 Worker 工作，确保每个 Worker 都最大化使用。并且可以根据 Worker 使用情况，进行扩展，如处理时长，可以通过增加 Worker 来提升；

150 个门店安装 150 个 Worker 劳动者，UiBot 指挥官对每个 Worker 进行动态授权使用。以此方式完成 150 个门店账单收集和上传工作。

RPA 机器人每日在规定的时间点登录各门店的交易系统采集数据，再将采集的数据导入财务系统，完成集团与门店的日总账同步和对比（见图 2.14）。

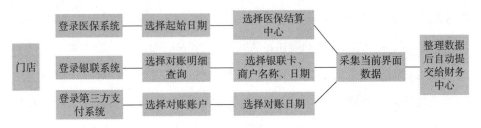

图 2.14　实现自动化后的财务数据汇总工作

项目上线后，技术团队为该企业的客户运维、研发人员提供了 2 天培训，目前他们已能够在 UiBot 平台上自行开发和设计机器人。

4. 应用成果

RPA 机器人极大地减轻了财务人员的工作压力，将原本每天各门店平均耗时 30 分钟的财务数据汇总时间缩短到 10 分钟，总误差控制在 10 元以内。

（六）案例六：某地方银行利用 RPA 技术实现资讯收集自动化，为产品优化升级建立信息决策基础

1. 项目背景

该银行是一家地市级股份制农村商业银行，拥有包含信贷资产证券化业务资格、理财直融工具资格、信用卡发卡资格等在内的十几类金融资质。在全球权威杂志英国《银行家》（ *The Banker* ）公布的 2018 年全球 1000 强银行榜单中，该行居全球银行业前 350 位。

金融科技的迅速发展给银行业带来了很大冲击。为了应对日渐加剧的市场竞争，该行希望利用大数据、人工智能等新技术手段，打造出更好的产品和服

务来满足客户需求。因此，该银行一直将"数字化转型"作为重要发展方向。在了解到RPA机器人可以应用到包括客户信息管理、交易纠错、风险监测等众多银行业务场景，具备提升效率、准确率高、节省人力成本等优势后，该行表达出了对RPA的强烈兴趣，希望在其工作场景中引进并推行。2019年，该行将RPA实施计划列为全行创新例会重点工作，旨在通过科技创新，将员工从大量烦琐、重复、简单的工作中解放出来，充分发挥员工主观能动性，提升工作效率、提高客户满意度以及员工幸福指数。作为一家国有资产背景的商业银行，安全性和稳定性是选择的首要考量因素，同时，为了更快地依靠新技术手段提升综合竞争力，该行希望可以在较短周期内部署完成、投入使用，因此，选择了国产的RPA平台，计划先在几个简单的工作场景中应用，再推行到更多场景。

2. 业务挑战

作为一家商业银行，需要时刻对最新发布的国家政策、行业动态以及各类金融产品的市场利率保持高度敏感，因此信息的时效性十分重要。目前，该行的董事办公室、计划财务部、金融同业部分别各指定1位同事每天进行1次与各自业务相关的资讯收集，每次耗时1小时。

以董事办公室的资讯收集为例，工作人员完成当日的资讯收集需打开多个相关政策网页，不断重复以上步骤，无任何技术难度，却耗费1小时的时间；此外，人工收集的方式也无法保证信息的时效性和稳定性，因为员工无法时刻刷新页面，检查是否有新的资讯。因此，该行决定在资讯收集场景率先使用RPA。

3. 解决方案

在3个部门各部署一台RPA机器人，实现资讯收集自动化。以董事办公室的政策资讯收集场景为例，在部门电脑中部署的 1 个 RPA 机器人负责执行如图 2.15 所示的操作。

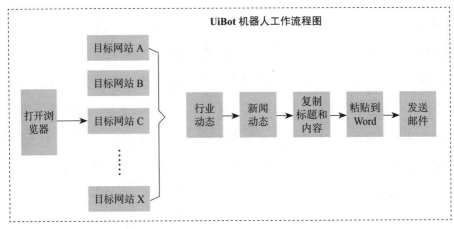

资讯收集时间由 3 小时缩短到几分钟

图 2.15　资讯收集自动化机器人工作流程图

完成部署后，对机器人进行了稳定性测试和压力测试，以保证长期执行该流程时不会出现软件的内部错误，减少后期更改和维护成本。其中，金融同业部的资讯收集场景涉及大量的数据收集和对比，因此需要对该场景下运行的机器人进行压力测试。在测试中，针对客户提供的最大数据量，RPA 机器人顺利完成数据采集、汇总和邮件发送，成功通过了压力测试。

从需求梳理、方案设计、针对用户具体应用的验证性测试、机器人部署、测试，整个项目周期仅耗时一个月的时间。

4. 应用成果

实现自动化后，RPA 机器人完成一次完整的资讯收集只需花费几分钟，资讯收集工作效率从原本共耗时三小时提升到几分钟。并且，每天可以数次运行，随时为工作人员提供最新的国家政策、行业资讯以及金融市场各类利率变动，帮助决策人员更好地优化产品和服务。同时，员工也从重复烦琐的操作中解放出来，能更专注于发展和使用自己核心技能，增加了工作幸福感，也创造了更多价值。

RPA 在资讯收集场景的成功运行，让该行感受到了自动化带来的便捷，银行决策者决定在零售业务营销部的贷后数据汇总、稽核审计部的 OA 信息处理等多个业务场景应用 RPA。

六、RPA 与人工智能的关系

智能时代下，RPA 和 AI 都是帮助企业和组织寻求突破的重要技术。这两项技术看似不同，实则却可通过互补发挥出更大优势，同时改善优化客户体验及员工体验，从方方面面带来降本增效的成果。

（一）机器人流程自动化

RPA 是使用专用计算机程序来设定的"软件机器人"，可以在一套既定的标准之下自动化操作重复性的业务工作。RPA 机器人完全按照口令指示，高效率、高准确性地完成任务，可以为我们分担大量烦琐的任务。

RPA 不会从一次次的重复操作中学习及优化，就像一位你让它往东就绝不会往西的虚拟员工，可全天候不间断工作，还能严格遵循规则行事，极大提高工作效率的同时又能最大限度减少人为错误。

RPA 的适用范围很广，可以经过程序编辑适应不同企业组织的业务需求，如在前文介绍过的 RPA 运用在金融机构中的案例。借助 RPA 处理多个平台上的数据录入和核对，加快历来烦琐的金融业务流程的进行，不仅解放员工也能极大提升客户体验。

（二）人工智能

AI 是计算机系统或"机器"对人类智能过程的模拟，侧重于在运用过程时对获取到的信息和规则不断进行自我纠正。AI 基本上是关于计算机模仿人类思维的能力。AI 基于海量大数据，可以通过学习、推理、纠正等达到人工智能程度，更好地适应我们的使用需求。如今流行的人像识别、语音识别、情感分析等都是 AI 运用。

如果说 RPA 是不懂变通但踏实肯干的话，那么 AI 就是会察言观色并适时变通的。如果只有单纯的 RPA，程序口令还需要人为操作发出，"机器人"才会自动进行后续操作。若是加上 AI，那自动化"机器"们能在各项操作中不断了解员工或客户需求，从细节上进行优化，再向员工或客户自动推送对应的关键词或主动识别信息等。

简单说，AI 与 RPA 的关系，就好比人类大脑和手脚的关系。一个是与"思考"和"学习"有关，一个则是与"行动"和"执行"有关。

AI 结合机器学习和深度学习，具有很强的自主学习能力。通过计算机视觉、语音识别、自然语言处理等技术拥有认知能力，可以通过大数据不断矫正自己的行为，从而有预测、规划、调度以及流程场景重塑的能力。

RPA 作为软件机器人，其需要依靠固定的脚本执行命令，模拟用户手工操作及交互，进行基于明确规则、重复、机械性的劳作，并以外挂形式部署在客户原有的系统上。RPA 和那些自动化生产线上的工业机器人较为相似，只能死板地按照人类给它规定的程序工作。

在具体应用上二者各司其职，密不可分。RPA 倾向于重复地执行命令，AI 更倾向于发出命令。RPA 机器人能够将简单的工作自动化，并为 AI 提供大数据。AI 能够根据 RPA 提供的数据进行模仿并改进流程。RPA 以流程为中心，AI 以数据为中心。

从技术的发展路径上看，RPA 目前正处于技术发展的第一阶段，AI 则处于更高的技术发展层次。

（1）RPA 阶段，没有 AI 的参与，着重应付结构化、高度重复性的工作。主要涉及批处理、桌面自动化等技术。

（2）IA（智能自动化）阶段，可以处理非结构化、一定规律性的任务。主要涉及自然语言处理、深度学习等技术。此阶段也可被看成，认知性 RPA 阶段。

（3）RPA+AI 阶段，非结构化自由形式。主要涉及深度学习、机器学习、认知计算等技术。

"RPA+AI"完全可以创建起一个完全自主的流程，让流程自动化更智能。以联络中心的客户维护为例，可以借助 AI 对获取到的客户数据进行识别分类，分析客户偏好和需求，再通过 RPA 向客户自动推送包含相关内容推荐的电子邮件，让客户维护和服务推广更精准到位。无论是单个流程还是多个流程，RPA 都可以通过程序编写实现流程自动化。随着业务需求变化的增多，如果借 AI 之力将自动化流程进行拓展，还可以更智能高效。

据麦肯锡预测，到 2025 年，全球人工智能应用市场规模总值将达到 1270 亿美元，将成为智能产业领域发展的新突破点。不过，眼下 AI 技术在企业中的应用仍处于初步探索阶段。从短期来看，企业更倾向于以标准化、逻辑清晰的 RPA 为基础，逐步向智能程度更高的 AI 方向发展。未来，随着 RPA 技术的不断发展，以及 AI 的不断落地，为进一步提高企业智能效率，二者的融合将会更加快速与深入，进而演变成行业的一大趋势（图 2.16）。

图 2.16　AI 和 RPA 的相互赋能

本章要点

1. RPA 不是一个目前我们常见的有着和人类一样外形的物理机器人，而是一款基于桌面记录的自动化软件，它可以模拟人类行为，出色完成大量重复性、定义清晰、有固定逻辑而少有意外情况的工作。

2. RPA 是一款外挂式软件，在调用已有系统功能和读取数据时，或与已有系统集成时，对现有系统影响小，基本不编码，实施周期短，而且对非技术的业务人员友好。

3. RPA"虚拟"系统集成。RPA 不需要修改程序，通过在用户界面级别连接数据，既可以仿照人对 PC 机器的操作，轻松模拟从一个系统到另一个系统的数据重新生成，执行诸如登录系统、数据输入、抓取网页上的特定数据、复制和粘贴之类的任务，也可以跨多个系统运行多个复杂任务，可以通过在用户界面级别连接数据，而不用开发新的数据基础结构，从而在异构系统和新旧系统之间传输数据。

4. 基于 RPA 所具有的机器处理、明确规则、外挂形式、模拟用户操作与交互等技术特点，相比于传统软件，RPA 开发周期更短、设计更加简单。

5. RPA 与 AI 像手脚和大脑的关系。RPA 倾向于重复地执行命令，人工智能更倾向于发出命令。

第三章　RPA 技术详解

一、RPA 的技术框架

（一）总体架构

RPA 是虚拟员工、数字劳动力，也有人将它称为"数字员工"，它好比人类的手和脚，在有明确的规则下，它能够将大量的、重复的工作流实现高效自动化处理，从而将员工从简单重复劳动中解放出来。RPA 在工作的过程中，需要有一定的机制进行监督和管理，当出现异常的时候需要及时处理。

换句话说，RPA 机器人通过软件编程语言开发的"机器人"可以处理重复的人工任务，而"机器人"可以是一台实际的计算机，也可以是云模式下的虚拟机桌面，基于规则在用户界面进行自动化操作，而不影响原有 IT 基础架构，可以模拟我们的日常基本操作，如鼠标单击、键盘输入、复制或粘贴等一系列日常计算机操作，它的应用有基于手工的操作任务处理：如登录企业内部应用，基本的文件及文件夹操作，邮件的日常处理，鼠标、键盘操作，表格填制，数据读取和录入等人类操作模拟，还有基于规则的判断任务处理：如判断、计算、OCR识别及处理、爬虫数据处理、分析预测等人类判断模拟。再加上RPA技术那"认真执行""不知疲惫""无限扩容"的特点，如大容量数据、高频交易处理、易出错业务、低附加值流程，这些都非常适合应用RPA技术。

基于上述情况，在总体设计上RPA产品包括三大部分：流程设计器（开发工具）、流程执行器（运行工具）、控制中心（控制台）。总体架构图如图3.1所示。

用于生产、执行、管理RPA机器人

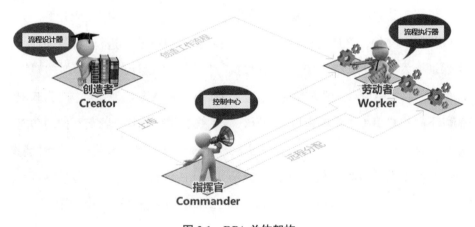

图3.1　RPA总体架构

1. 流程设计器

流程设计器是自动化流程的设计生产工具，由如下几部分组成。

（1）机器人脚本引擎。使用C++编写，在保证高效的前提下具备跨平台特性。内建脚本语言BotScript执行引擎，具备词法分析、编译、运行等计算机语言的标准组成组件。内置 C++、Python、Lua，外置 .Net 适配器，能实现其他语言与 BotScript 数据类型的双向自动转换。

（2）RPA Core。RPA 产品的界面识别器。能识别 Desktop Application、WEB、SAP、Java 等各种界面元素。模块化实现，能动态加载自定义识别器，配合抓取工具，能快速实现目标应用的选择与抓取。

（3）GUI。GUI 是一种用户接口，该接口通过 IPC（inter-process communication，进程间通信）与相应的引擎进行通信。在 RPA 产品中，GUI 承担流程的编写、开发、调试工作。此外，还可通过 GUI 与控制中心进行通信，结合 HTTP 与 FTP 协议实现流程的发布与上传。

2．流程执行器

根据产品架构，RPA 开发工程师首先需要在流程设计器中完成开发任务，生成机器人文件，之后将机器人文件放置在流程执行器中进行执行。因此为了保证开发与执行的高度统一，流程执行器与流程设计器采用类似的架构。以机器人脚本引擎（一种脚本语言）与 RPA Core（RPA 核心基础架构）为基础，辅以不同的 GUI（用户的接口）交互，满足终端执行器常见的交互控制功能。除此以外，执行器可与控制中心通过 Socket 接口方式建立长连接，实时接收控制中心下发的流程执行、状态查看等指令。在执行完成时，进程将运行的结果、日志与录制视频通过指定通信协议上报到控制中心确保流程执行的完整性。

3．控制中心

控制中心是 BS 架构，采用分层的结构，分为持久层、应用层和展现层。

（1）持久层负责文件和数据的持久化，依赖 mysql 数据库与 redis 存储，结合文件系统，形成对数据记录、热点数据和应用数据的持久化存储。

（2）应用层使用 .Net Core 为应用中间件，具备跨平台特性与强大的扩展能力，为应用提供 WEB API 与长连接服务。

（3）展现层在 PC 上为 HTML 表现形式，在移动终端上为 App 形式，依赖应用层提供的数据和连接服务，可以与流程设计器、执行器进行实时的通信操作与状态数据展现。

一个详细的 RPA 架构（UiBot）如图 3.2 所示。

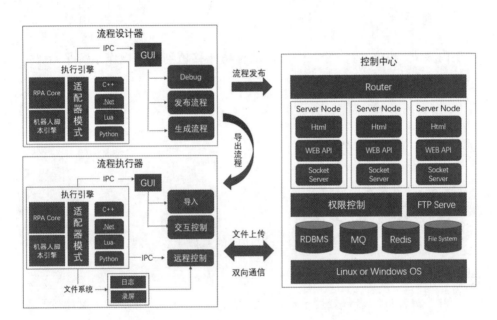

图 3.2　一个详细的 RPA 架构（UiBot）

（二）关键技术

1. RPA 开发语言

每家 RPA 厂商都具备自己研究的 RPA 开发语言，大部分都吸取很多其他编程语言的优点，一般的 RPA 开发语言精简、简单、易学、易用。用户通过 RPA 开发语言可以快速完成 RPA 场景开发工作。

2. 可视化编程

大部分 RPA 开发编辑器支持可视化流程图，大量预制件采用模块化，用户通过拖拽方式即可完成编程，非专业人士可轻松上手。

3. 跨平台

内核支持跨平台，可以快速将现有功能移植到其他操作系统平台，如 IOS、Android、linux 等。

（三）创新部分

1. RPA 产品技术创新

RPA 产品在自身具备自动化流程功能的基础上，一般还能增添以下融合创新技术。

（1）融合自然语言处理：提供自然语言处理命令，实现常见文本的理解和抽取，实现文本（财务报表、合同、招股说明书、报告等）的智能抽取。

（2）支持用多种不同的编程语言来编写插件：方便功能扩展与维护，支持 Python、C/C++、Lua、.Net、Java 多种语言组件扩展。

（3）OCR 功能：一些 RPA 产品内置了自研 OCR，可供用户免费使用。

（4）智能识别：通过机器视觉等技术，一些 RPA 产品可以智能识别微信、钉钉、远程桌面，甚至图片上的元素，并对这些元素进行操作，如识别和发送微信消息。

2. 其他模式创新

RPA 产品为了扩大自身的影响力，能使广大用户熟悉和了解产品本身的特点和功能，一般具备以下的模式创新。

（1）注重 RPA 开发生态的建设。建设 RPA 社区平台、RPA 学习平台。免费提供学习社区平台，通过免费或收费的方式为开发者提供初级、中级、高级认证。

（2）建设 RPA 机器人商店。RPA 厂商致力于连接开发者与用户，并为广大开发者建立了优质展示渠道。开发者可在 RPA 机器人商店中发布自主开发出的 RPA 机器人，供需求者直接使用的同时，快速从发布的机器人中获得收益，实现 RPA 更广泛的落地。

（3）提供免费版 RPA 产品使用，用户可以通过社区版学习和了解 RPA 产品的核心功能，也可以实现基本工作流程的开发，通过发布社区版吸引大量的用户和生态开发作者，促进 RPA 产品生态平台的建设。

二、创建并运行机器人

在了解了上述 RPA 产品的技术架构之后，读者可以利用产品组件创建并运行机器人，其中主要使用的是流程设计器和流程执行器。

（一）创建机器人

读者可以在流程设计器中使用可视化界面或代码界面进行 RPA 流程的开发。在完成后可在流程设计器中单击菜单中的"发布"，将流程发布成任务（见图 3.3）。

发布完成后，会自动生成一个扩展名为"bot"的文件，这个就是流程生成的任务文件，可以在流程执行器中直接导入该文件，并运行对应的流程。之后也可以上传到 RPA 控制中心，再由 RPA 控制中心派发给指定流程执行器运行（见图 3.4）。

需要注意的是，流程执行器有两种执行方式：无人值守和人机交互。

人机交互：相当于单机版，所有的功能在当前计算机上设置，包括计划任务，流程编排等。

无人值守：任务由 RPA 控制中心派发，所有的设置都在 RPA 控制中心上完成。

（二）人机交互运行 RPA 机器人

图 3.5 是人机交互的界面，可以看到用户已添加了两个流程，单击流程后面的"开始运行"按钮可运行该流程。也可以单击左下角的"人机交互"按钮切换到无人值守模式。

如果用户有多个流程，而且希望按照顺序运行指定的次数，那么可以使用任务编排功能（见图 3.6）。

编排好任务后，就可以单击运行，流程执行器将会按照刚刚编排的顺序和次数去运行流程（见图 3.7）。

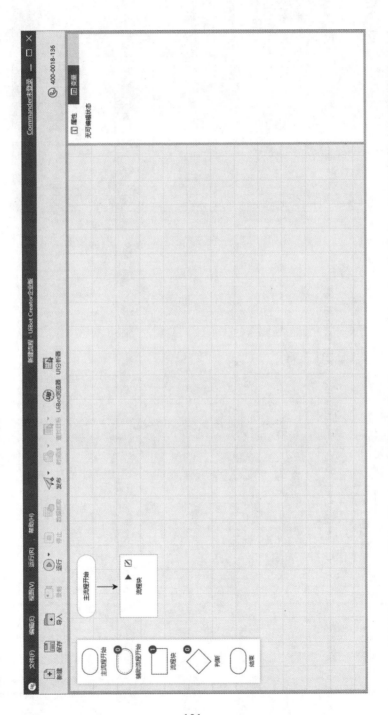

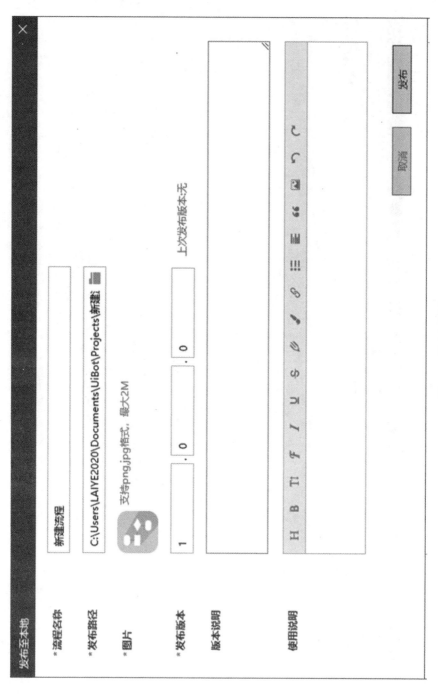

图 3.3　创建机器人

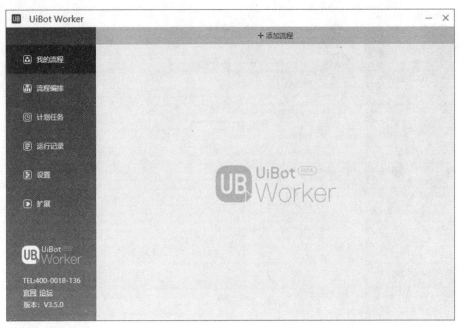

图 3.4　上传机器人文件

图 3.5　人机交互界面

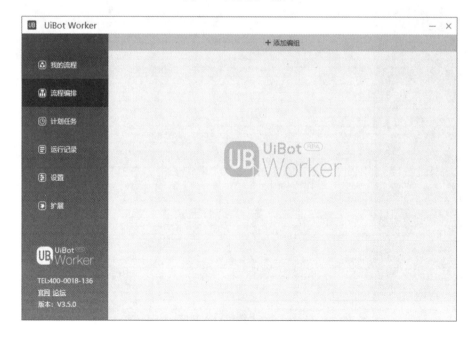

图 3.6 任务编排

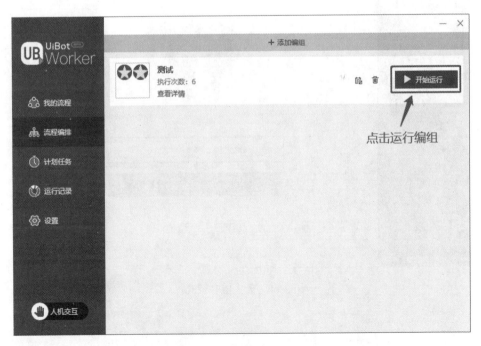

图 3.7 运行机器人任务编组

（三）无人值守 RPA 机器人

RPA 流程执行器中一般提供切换方法，单击左下角的"人机交互"按钮即可进入到"无人值守"模式。"无人值守"模式无需用户自动手动操作，可通过控制中心在规定的时间点自动运行 RPA 机器人。如图 3.8 所示，可在输入框中输入控制中心地址，单击"连接"按钮，此时计算机显示器图标会变成绿色，并显示已连接。接下来就可以通过控制中心来控制 RPA 流程执行器了。

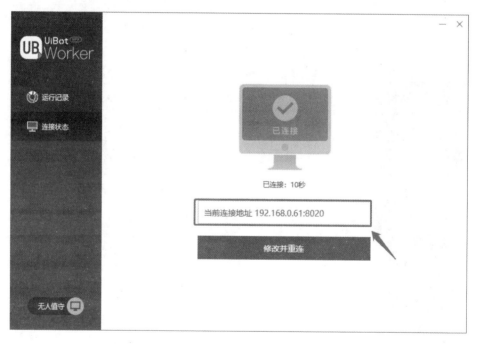

图 3.8　无人值守模式

三、控制中心功能

用户可通过用户名和密码登录 RPA 控制中心。RPA 控制中心是一个管理平台，该管理平台可以管控和调度无数个 RPA 流程执行器，同时，设计完成的流程也可以从 RPA 控制中心管理平台下派至各个局域网内有权限的单机上进行执行。

控制中心在首页上会有总览，可以看到当前任务、流程、用户等相关的信息，页面下方还有最近运行的任务情况。在左边的功能选项上面，也有一些用户比较熟悉的功能，如流程编组、计划任务，这些和 RPA 流程执行器操作原理一样（见图 3.9）。

控制中心提供了类似于组织架构的功能，用户可以利用该功能定义 RPA 机器人的使用权限。例如，在某些政府部门中，科室 A 可查看和执行该部门下的所有 RPA 机器人，但无法查看其他科室中的机器人内容。用户在"组织管理"功能里面创建组织和部门，也可以指定当前部门的上级部门（见图 3.10）。

同时，控制中心提供了完备的用户管理功能，可对每个用户进行权限的设定，以保证数据安全。用户可单击"用户管理"可以新建用户，并且制定角色（见图 3.11）。

控制中心提供"流程管理"界面，用户可以查看已有流程被哪些任务使用，以及流程的激活状况等，同时也可以新建流程。流程是通过 RPA 流程设计器开发并发布的 bot 文件，也就是之前 RPA 流程执行器使用的文件（见图 3.12）。

控制中心提供"机器人视图"功能，可以看到所有的或者只看某一个部门或科室下 RPA 机器人流程，包括查看这些机器人流程是否在线及到期时间，同时有权限的用户也可以编辑或删除相关机器人流程（见图 3.13）。

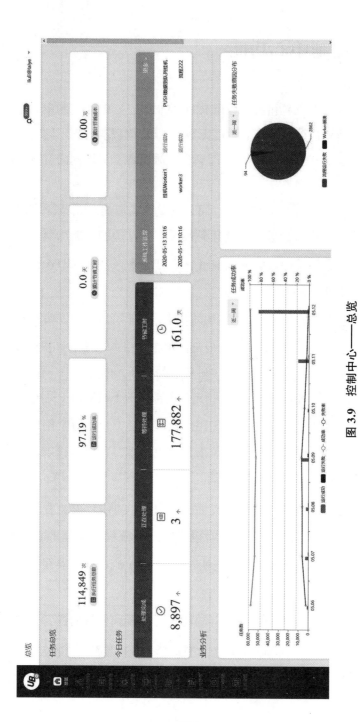

图 3.9　控制中心——总览

图 3.10　控制中心——定义权限

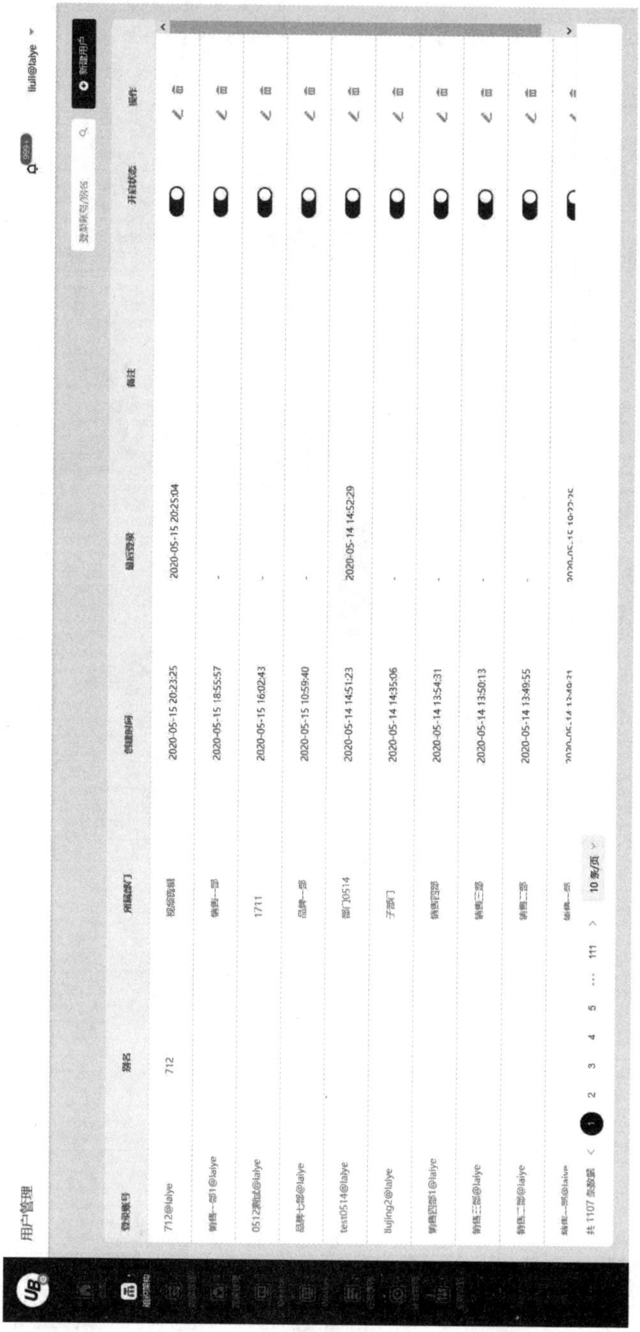

图 3.11　控制中心——用户管理

| Worker

请选择 ∨　　>　　Q 查询

名称	所属部门	机器码	连接状态	IP 地址	激活时间	到期时间	
DESKTOP-LY	长沙市	7285B232FCD1DA9E	⊘	192.168.0.200	07-27 15:32	33 天后	…
VM1-PC	长沙市	3A80B1A77A215F38	⊘	192.168.0.117	07-29 11:06	341 天后	…
DESKTOP-30H8B6H2	长沙市	8D1E4293B30B3839	⊘	192.168.0.160	08-01 22:06	1765 天后	…
ZL	长沙市	8D9CF85A4EDD4690	⊘	:1	08-02 16:08	119 天后	…
WIN-OC00FNLX9FD	德昭市	4C3B522A7A215F38	⊘	192.168.0.189	08-15 17:16	359 天后	…
PC-20190617QIMN	未分配	1373D0789E506400	●	192.168.0.181	13:40	365 天后	…
YY	长沙市	973AA8F426CA0BD8	⊘	192.168.0.115	15:03	365 天后	<

编辑Worker
删除Worker
查看任务

共 17 条数据

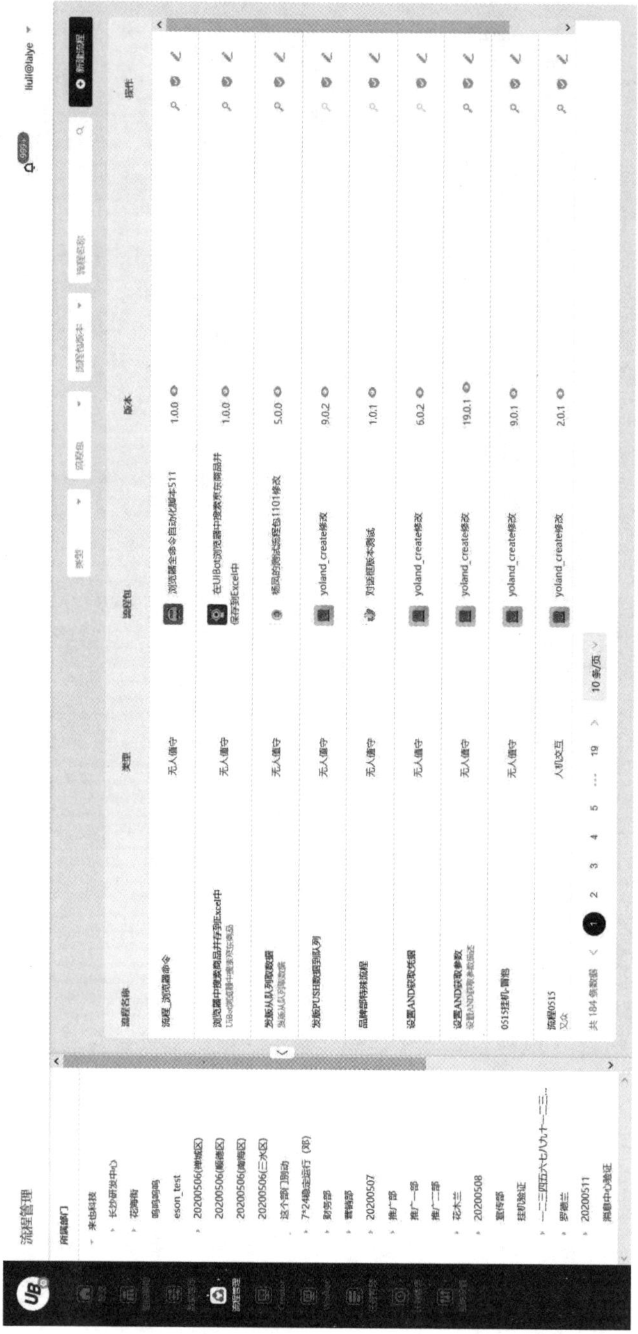

图 3.12 控制中心——流程管理

名称	归属部门	机器码	连接状态	IP 地址	激活时间	到期时间	
DESKTOP-LY	长沙市	72B58232FCD1DA8E	○	192.168.0.200	07-27 15:32	33 天后	⋮
VM1-PC	长沙市	3A80B1A77A215F38	○	192.168.0.117	07-29 11:06	341 天后	⋮
DESKTOP-30HB8H2	长沙市	8D1E4293B30B3839	○	192.168.0.160	08-01 22:06	1765 天后	⋮
ZL	长沙市	8D9CF85AEDD4690	○	::1	08-02 16:08	119 天后	⋮
WIN-QCO0FNLX9FD	岳阳市	4C3B522A7A215F38	○	192.168.0.189	08-15 17:16	359 天后	⋮
PC-20190617QIMN	未分配	1373D0785E506400	◎	192.168.0.181	13:40	365 天后	⋮
yy	长沙市	973A4BF426CA0BDB	○	192.168.0.115	15:03	365 天后	⋮

共 17 条数据

编辑Worker
删除Worker
查看任务

图 3.13　控制中心——机器人视图

四、RPA 的部署

RPA 项目大体主要由两部分组成：需求流程的开发与 RPA 平台的部署。RPA 的部署因为涉及流程开发等内容，区别于传统的 IT 项目建设，且更类似一个开发形式的项目，由此衍生出多方对接、需求沟通等特性，这使它在实施部署方面具有更多的项目流程控制环节。实施方应与用户做好对接，在需求变更时做好后续实施部署工作。

（一）流程开发

流程开发的阶段划分见表 3.1。

表 3.1　流程开发的阶段划分

开发阶段	描述	目的	完成节点
需求调研	对用户的业务流程充分理解，进行可行性分析并制作优化方案	充分理解和把握用户的需求	输出需求说明文档，并得到用户认可
流程设计	在用户提供的真实测试环境中，使用流程设计器进行流程的设计和配置	设计的流程完全满足用户的需求，且能在测试环境中稳定运行	实现测试环境的验收
生产切换	将流程切换至生产环境进行调试和运行，增加容错设计	在生产环境下，利用真实数据实现稳定运行	实现生产环境的验收
上线发布	投产运行	上线投产稳定运行	业务实现投产上线验收
试运行	RPA 流程试运行	长期稳定运行	项目整体验收

（二）平台部署

RPA平台部署主要分为RPA控制平台与RPA机器人两部分的部署工作。其中RPA控制平台需要由企业或政府IT运维部门统筹管理，提供硬件或私有云服务器进行部署和安装；而RPA机器人分为数据中心部署和业务场景部署两种形式。

对于少量RPA需求项目（不考虑后期大量扩容），一般采用业务场景部署模式，以整体项目资源投入轻量化来实现良好的效果。

对于较多RPA需求的项目，一般进行数据中心模式部署。一方面实现统一的管控和调度；另一方面业务流程可能涉及用户敏感信息，这样的部署方式具备更高的安全性。

（三）对接方法

RPA项目因其项目形式的特性需要对接多方人员，包含各种业务部门、统筹部门、数据中心、开发中心等。为了更好地处理项目事宜，实施方必须做好分工，明确各对接负责内容，避免项目过程混乱。

流程实施人员，首先应与业务需求部门对接，讨论并确定需求内容；其次与IT部门对接，申请各种在开发流程过程中需要的软硬件资源，并配合执行后续的上线和发布。

平台部署人员，主要与用户的IT运维部门、数据中心对接，由这些部门协助申请测试及生产环境中的软硬件资源，针对RPA平台架构的确认、评审和改造，以及最后的上线和发布。

最后部署方还需要配备项目经理，与业务部门及IT运维部门进行对接，主要负责需求的范围控制及项目的进度、质量汇报。

（四）需求变更

RPA 项目实施过程中，实施人员对接通常为直接业务需求部门。有可能出现业务变更需求、增加需求等情况。这部分内容往往占据不少的工作量且会影响整体项目进度。为了避免项目延期的可能性和过量资源的投入，实施方必须制定需求变更方法。通过规范化方式控制业务需求和控制项目进度，建议的方法如图 3.14 所示。

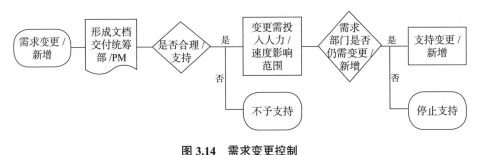

图 3.14　需求变更控制

五、如何实现自动化

RPA 机器人可实现完全自动化而无需人进行干预，在规定的时间点，按照一定的流程自动执行。

在流程控制管理平台中一般具备"任务管理"功能，其中可查看所有任务信息，包括任务运行的时间，用户。同时也可以再次运行，或查看任务运行日志和录屏（见图 3.15）。

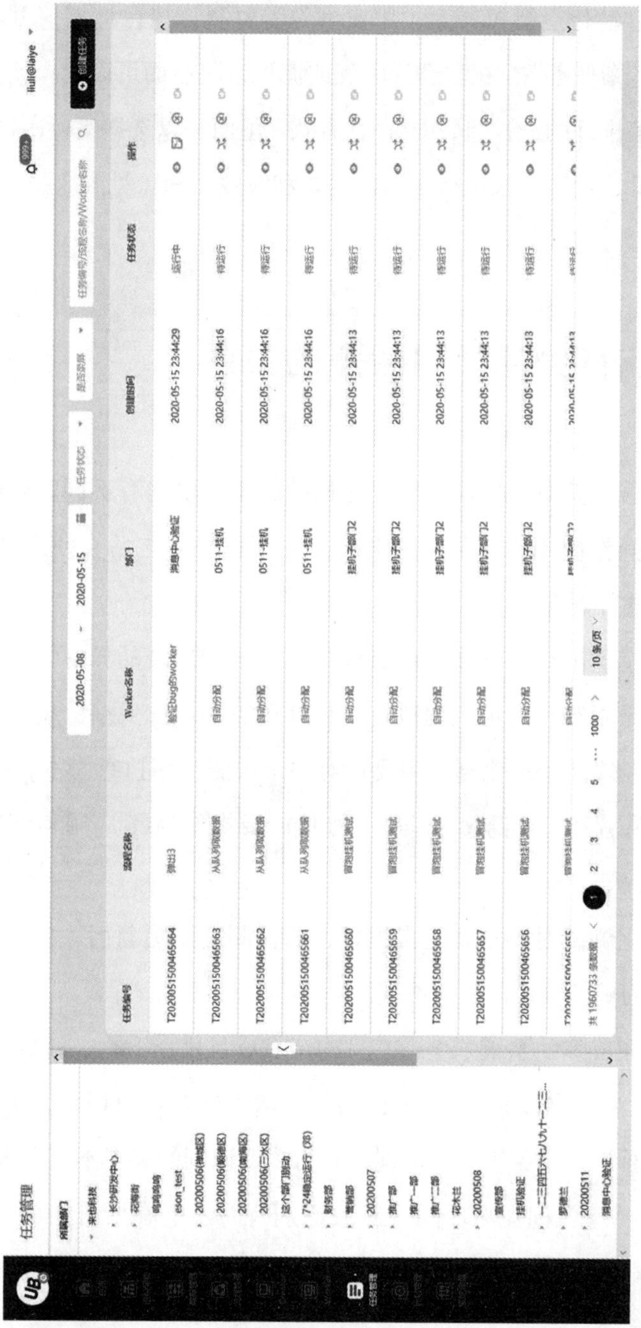

图 3.15　机器人任务管理

为了实现自动化运行机器人，用户事先需要制订执行计划，可以单击管理平台中的"计划任务"，在"选择流程或流程组"里面可以选择流程执行器中的流程或已编排好的流程组，在"计划方式"里面可以选择运行次数和日期，也可以选择按日、周、月来运行，以及生效和时效时间（见图 3.16）。

六、自动化测试与 RPA 的关系

RPA 设计语言类似于软件自动化测试的脚本，也稍有不同。软件自动化测试的脚本在操作应用出现异常时会记录错误信息，之后会使用截屏保存，以便用户后续进行查看。

RPA 更加注重出错处理，针对流程中所有可能出现的异常情况进行一定的处理，以确保能按照预定流程执行。另外还需要添加更多的检查点，确保流程执行无误。软件自动化测试主要针对一个被测应用执行脚本，而 RPA 在执行一个完整流程通常会跨多个应用，如同时要操作 Web 应用和 Windows 原生应用完成流程。

软件自动化测试对脚本要经常维护，如被测应用更新后，自动化测试脚本也要做相应的更新，修改相对频繁。

RPA 应用在成熟的系统之上，一旦构建完成且稳定运行，就尽量不修改。修改频度较低。软件自动化测试中自动化技术主要是对象识别，通过对象直接操作元素，通常会避免用图像识别，因为图像识别的脚本不容易维护。

RPA 因为要跨多种类型应用，对象识别有时不能在所有的应用上工作，而且部署后一般不修改，所以采用图像识别的机会较多。

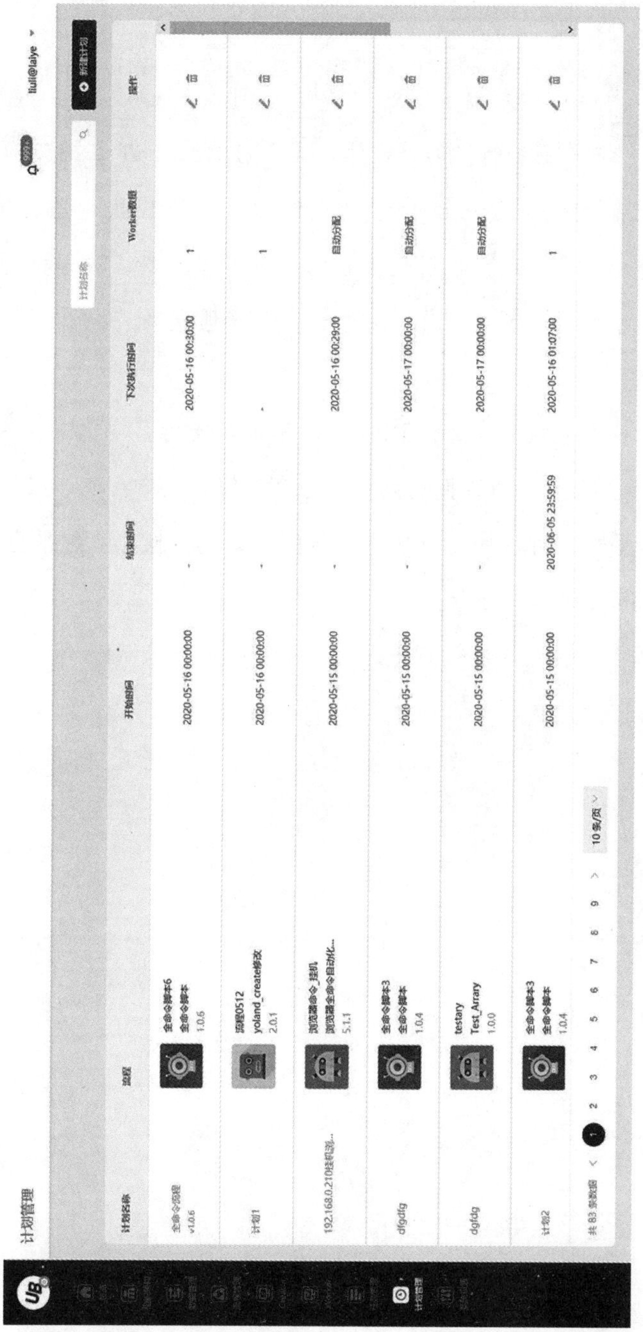

计划管理

计划名称	流程	开始时间	结束时间	下次执行时间	Worker数量	操作
全命令流程 v1.0.6	全命令脚本6 全命令脚本 1.0.6	2020-05-16 00:00:00	-	2020-05-16 00:30:00	1	✎ 🗑
计划1	流程0512 yoland_create修改 2.0.1	2020-05-16 00:00:00	-		1	✎ 🗑
192.168.0.210挂机测...	浏览器命令_挂机 浏览器全命令自动化... 5.1.1	2020-05-15 00:00:00	-	2020-05-16 00:29:00	自动分配	✎ 🗑
dfgdfg	全命令脚本3 全命令脚本 1.0.4	2020-05-15 00:00:00	-	2020-05-17 00:00:00	自动分配	✎ 🗑
dgfdg	testary Test_Arrary 1.0.0	2020-05-15 00:00:00	-	2020-05-17 00:00:00	自动分配	✎ 🗑
计划2	全命令脚本3 全命令脚本 1.0.4	2020-05-15 00:00:00	2020-06-05 23:59:59	2020-05-16 01:07:00	1	✎ 🗑

共 83 条数据 ‹ › 1 2 3 4 5 6 7 8 9 › 10条/页 ∨

图 3.16　机器人计划管理

本章要点

1. RPA "机器人" 可以是一台实际的计算机,也可以是云模式下的虚拟机桌面,基于规则在用户界面进行自动化操作,而不影响原有 IT 基础架构。

2. RPA 的总体架构包括三大部分 : 流程设计器、流程执行器、控制中心。流程设计器是 "机器人" 自动化流程的设计生产工具, 流程执行器是设计出来的一个个流程 "机器人", 控制中心是管理众多 "机器人" 运行的指挥官。

3. RPA 的关键技术包括 : 大部分 RPA 开发编辑器支持可视化流程图,大量预制件采用模块化,用户通过拖拽方式即可完成编程。非专业人士可轻松上手。内核支持跨平台, 可以快速将现有功能移植到其他操作系统平台, 如 IOS、Android、Linux 等。

4. 实施 RPA 项目大体主要有两部分 : 需求流程的开发与 RPA 平台的部署。

第四章 政务机器人

政务机器人是机器人流程自动化（RPA技术）在政务领域的具体应用。RPA政务机器人具有以下两项重要应用。

（1）以自动化替代手工操作，辅助政府部门工作人员完成数据量大、重复性高、易于标准化的业务，从而优化政务服务、行政监管、部门协同、政务办公等方面的办事流程，改进政务工作的思维模式，提高业务处理效率和质量，减少政务工作风险，使资源分配在更多的业务创新上，促进政务工作转型（见图4.1、图4.2）。

图 4.1 传统的情况

RPA 机器人：可以模拟人工操作键盘，从而代替人工操作

RPA 机器人把大量人工重复工作做了，人工只需要审批和核对 RPA 做的对不对

图 4.2　RPA——键盘革命　解放双手

（2）跨部门、跨系统调阅数据、迁移数据，"虚拟"系统集成，为数字政府建设、智慧城市建设提供简便可行的技术路径。

通常，政务机器人不是一个完整业务流程的应用程序，而是应用程序中某个"人—机"交互环节踏实肯干的"操作员"，或是两个（以上）应用程序之间的数据"搬运工"（图 4.3）。

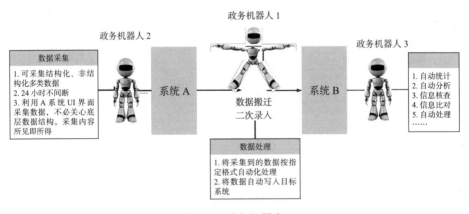

图 4.3　政务机器人

一、政务机器人的产生

可以将政务机器人视为组织中的虚拟劳动力，对于政务工作中基于明确规则的可重复性工作流程，政务机器人能够在特定流程节点代替传统人工操作和判断的政务自动化应用。

程序自动化取代人力劳动在政府部门中应用可以追溯到 20 世纪 90 年代末，政府部门建设了大量的信息系统后，就产生了定时或特定条件下的启动、关闭服务器的需求，具备自动启动、关停等功能的"控制器"可视为原始政务机器人。众多政府部门的电话语音自动应答是早期的政务机器人。这个时候的政务机器人功能比较简单。随着技术的发展、政务服务的扩展，各种类型的机器人开始走进我们的生活，其中，政务服务机器人正在成为机器人行业市场的"新宠"。当前的政策环境、技术条件、市场环境都非常有利于政务机器人的发展，并且在现实中已经得到广泛应用。从形态上来说，政务服务机器人基本上都是人形、拥有五官、会说话、可移动、能避障。

政务机器人从产生到得以广泛应用，主要是基于公共服务变革的内生驱动因素、RPA 技术与政务业务特点相吻合的客观基础以及政务协同共享需求大量出现为其创造的良好运行环境。

（一）公共服务变革的内生驱动

在数字化变革的时代背景下，"互联网＋政务服务"对政府部门的政务服务提出了更高的要求，政务部门需要从庞大、混杂的数据中高效筛选有效数据并利用数据去为社会公众服务并创造价值。政务服务是个有利切入点，在传统政务服务中，政务办事往往和排长队、流程复杂、办理时间不便等联系在一起，是个令人有些"头大"的事情。政务服务机器人是政府部门顺应数字化变革，通过在政务工作中应用 RPA 技术，政务工作效率大幅提升，以AI 为核心将身份证读卡器、指纹识别仪、智能机器人、智能文件柜等专用外部设备进行精细化集成和一体化整合，全程采用语音和动画结合的方式引导用户自助办理业务，实现政务服务业务自助办、随时办。另外，政务机器人模拟人类操作和基于明确规则的判断，能够将政务人员从简单复的低附加值工作中解放出来，不但降低了此类工作中投入的人力成本，更使得政务人员转型从事更具创造性、更有价值的工作，政务人员不再是简单的办事人员，而是参与服务改革的业务，从而为政务转型发展提供有效支撑。

图 4.4　市民服务平台

（二）业务特点吻合

RPA 技术适用于具有清晰定义和重复的确定性过程，即应用于大量既定规则的活动。政务是一个强规则领域，在业务流程中存在大量重复的工作需要手工完成，这些工作的业务特点与 RPA 技术的应用条件高度匹配。同时，在原本耗费大量的人力资源和时间成本，而且人工操作出错率较高的业务流程中应用政务机器人，能够形成规模经济，最大限度实现政府服务流程高效运转和人力资源成本降低。因此，RPA 应用于政务领域，实现了 RPA 技术特点和政务业务特点最大限度的匹配，能够极大地发挥 RPA 技术的应用价值。

（三）政务协同共享服务需求大量出现

共享服务管理模式的诞生是现代管理模式的一次深度变革，尤其是政务信息共享服务的应用，为政务管理所带来的效益日益凸显。近年来，越来越多的政务部门都建立了大数据中心。在信息共享这种新型业务实际工作中，大量简单重复且易于标准化的政务信息共享业务集中到数据中心统一处理，政务共享服务大数据中心有巨大动力去应用新技术提升组织内的工作质量和运转效率，于是政务机器人作为流程节点上提高工作质量、提升工作效率的有力工具得到推崇，政务信息共享服务大数据中心为政务机器人的应用创造了良好的运行环境（见图 4.5）。

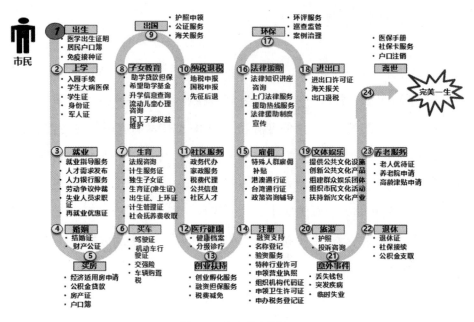

图 4.5　市民共享服务

（四）跨系统数据传递、业务协同操作既是常态，也是难点

多年来，政府部门建设了大量电子政务业务系统，跨系统的业务流程变得越发复杂，并形成了数据孤岛，产生了大量需要人工执行的重复性系统操作流程。政府部门经常面临的一个痛点是各个部门业务系统之间的跨系统连接和数据传递与集成。为了解决这个问题，计算机技术专家和流程专家提出了很多概念，试图从多个抽象层面（包括接口、数据、流程等角度）来解决这个问题。

ESB（enterprise service bus，企业服务总线），是传统中间件技术与

XML、Web 服务等技术结合的产物，提供了网络中最基本的连接中枢，可以提供比传统中间产品更为廉价的解决方案，同时它还可以消除不同应用之间的技术差异，让不同的应用服务器协调运作，实现不同服务之间的通信与整合。

WebService，是一个平台独立的，低耦合的，自包含的、基于可编程的 Web 应用程序，可使用开放的 XML（标准通用标记语言下的一个子集）标准来描述、发布、发现、协调和配置这些应用程序，用于开发分布式的互操作的应用程序。

MDM（master data management，主数据管理），定义了一组规程、技术和解决方案，这些规程、技术和解决方案用于为所有利益相关方（如用户、应用程序、数据仓库、流程及合作伙伴等）创建并维护业务数据的一致性、完整性、相关性和精确性。

BPM（business process management，业务流程管理），是一种以规范化的构造端到端的卓越业务流程为中心，以持续的提高组织业务绩效为目的的系统化方法等。

但是在涉及各部门之间数据交互时，下面这个情形会经常出现："我们这个需求挺急，IT 开发这个需求的周期也挺长，要不我每日或每周或每月导出一个固定格式的 excel/text 文件发给你吧"；"数据库不能直接访问，代码库也不能给你，告诉我你需要的数据项，我抽取、转换，给你个 XML 文件"。这个问题出现的两个关键点是"实施速度"和"管理体制"。

业务部门有需求时，最不想要得到的答复是 IT 改造和开发接口需要几个月的工期。而 IT 部门要调动技术人员分析、设计、编码、测试，要按照工作流程和项目管理一步一步地实施，对于不复杂的项目，三五个月完成是快的，这是一个"实施速度"的问题。"谁主管、谁负责"的管理体制以及隐私和信息安全方面的考量，如政府部门有些系统不想用 API 去执行或提供服务，或是核心系统本身不能对外开放太多架构、库表、代码等底层信息，自然不会将部门内的数据库、应用系统向外敞开大门。这种由 IT 部门开发系统接口或重构系统的传统解决方法，不仅成本高，且难以快速响应业务需求的变化。这种情况很适合引入 RPA。RPA 是一种通过模拟人与软件系统的交互过程，实现由软件机器人自动化执行工作流程的技术应用，其特性是可以跨不同系统，在上层的部分执行整合，它无须修改现有系统架构，但会使整个工作流程更加顺畅。

从业务部门的角度来看，RPA 软件机器人在解决部门现有系统间的交互问题上和人处理的方式非常类似，而从 IT 技术部门的角度来看，RPA 软件机器人是一种外挂式的、从 UI 层面进行"非侵入式"的系统打通，且可以快速灵活部署，不改变现有业务系统的处理逻辑，对应用系统"只看不动"，对数据库"只读不改"，对底层代码库"不闻不问"。同时，RPA 支持低代码流程开发，可以由业务人员直接上手使用。RPA 软件机器人解决方案的这种特点，使其实施速度更快，既符合管理体制要求，又绕开底层的管理屏障，同时也使实施成本较其他技术解决方案更低。

二、政务机器人的功能

（一）政务机器人的功能框架

RPA 机器人流程自动化被定义为一种能够与数据进行交互、解释和管理的软件程序。它的主要目的是使许多日常工作自动化，尤其是那些对劳动者来说费力、费时或重复，以致不能获得、难以协同、无法高效执行的工作。RPA 通过对人类操作的模拟及对人类判断的模拟，能够实现数据的收集和整理、验证和分析、数据记录、协调和管理计算和决策、沟通、报告等一系列功能。RPA 技术应用在政务领域，再结合其他一些认知技术能够代替传统政务人工的数字化应用，实现政务流程的自动化，提高政府部门人员配置的合理性和有效性，达到人力资源和工作强度的"削峰填谷"。基于 RPA 的应用特点和功能，可进一步将政务机器人的功能划分为五个功能模块，即数据检索与记录、图像识别与处理、平台上传与下载、数据加工与分析、信息监控与产出。在实际应用中，政务机器人往往承载多种功能的组合，从而实现某一流程节点的自动化（见图 4.6）。

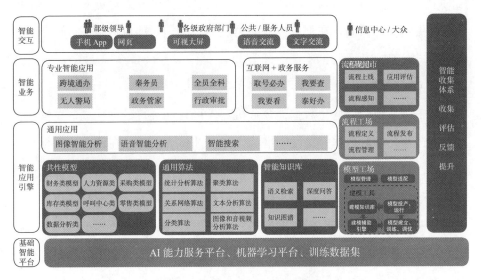

图 4.6　政务机器人总体功能框架

（二）政务机器人的功能

1. 数据检索与记录

数据是"数字政府"的命脉，数据输入或检索任务中的许多任务对于需要处理的工作人员而言可能是重复的、缓慢的和无聊的。数据检索与记录是政务机器人最基础的功能，通过记录传统模式下政府人员的手工操作，设置计算机规则进行模拟，从而使政务机器人执行数据检索、迁移、输入等动作。

（1）数据检索。

通过预设规则，政务机器人模拟政府人员手工检索操作，自动访问内部和外部安全站点，根据关键字段自动进行数据检索，提取并存储相关信息。相对于用传统的编程方式解决数据检索问题，政务机器人对页面元素获取的灵活性更强，在页面存在部分修改的情况下，无须对项目构架进行调整，节约了系统维护成本。

（2）数据迁移。

对于跨系统的结构化数据，政务机器人可自动进行数据采集、逻辑转化和数据迁移，并对数据完整性和准确性进行测试和校对。在跨系统数据迁移过程中，政务机器人不但能够进行原数据的采集，还能够灵活处理数据逻辑转化，适应数据或流程的变更。除了一对一的系统数据迁移，政务机器人还适用于一对多、多对一、多对多的跨系统数据迁移。相对于传统的用系统接口方式解决数据迁移问题，政务机器人以外挂形式部署，在用户界面进行操作，不会破坏系统原有的结构，对于多系统间的数据迁移，系统配适性更强，数据迁移成本更低。

（3）数据输入。

对于需要输入系统的数据信息，政务机器人识别纸质文件信息或接收电子文件信息后，模拟政府人员手工操作将预填充的数据自动输入对应系统，并对原始文件进行归档。

2. 图像识别与处理

图像识别与处理功能是指政务机器人依托 OCR 技术对图像进行识别，提取图像有用字段信息并输出能够结构化处理的数据，从而进一步对数据进行审查与分析，输出对管理、决策有用的信息。

（1）OCR 识别。

政务机器人利用 OCR 技术对扫描所得图像进行灰度化、降噪、二值化、字符切分以及归一化等 OCR 识别预处理，在此基础上对文字图像进行特征提取和降维，从而进行文字分类器设训练和实际识别。在 OCR 识别后，进一步对分类结果进行化校正和格式化，最终将提取的图片关键字段信息，输出能够结构化处理的数据，由此解决政府人员手工输入的问题。

（2）文字审查与分析。

基于 OCR 技术对图像信息的识别，政务机器人根据预设的规则，模拟人类的判断进行任务处理操作，对识别完成的文字按预先设置的判断要点、关键信息进行审查和分析，完成从图片到信息的转换与初加工。

3. 平台上传与下载

上传与下载的核心在于后台对数据流的接收与输出，政务机器人按照预先设计的路径，登录内部、外部系统平台，进行数据的上传与下载操作，完成数据流的自动接收与输出。

（1）平台上传。

不同系统间往往需要进行数据及文件的传递，当系统间数据接口尚未打通，彼此间数据融通存在障碍时，就需要通过平台上传的方式进行数据同步、文件更新。政务机器人模拟人类手工进行系统上传的操作，自动登录多个异构系统，上传指定数据、文件至特定系统或系统模块。

（2）平台下载。

基于系统间数据同步、文件本地化存储等需求，政务机器人可自动登录多个异构系统，下载指定数据、文件，并按照预设路径规则进行存储，进一步根据规则进行平台上传或其他处理。

4. 数据加工与分析

基于检索、下载的数据信息，政务机器人可进一步对数据进行检查、筛选、计算、整理以及基于明确规则的校验和分析。

（1）数据检查。

数据检查是原始数据进一步加工处理的起点，政务机器人对获取数据的准确性、完备性等进行自动化检查，识别异常数据并做出预警。例如，政务机器人对从多口径获取的政务信息、业务信息进行初始数据的检查核对，预警异常数据，进一步基于数据规则进行差异处理。

（2）数据筛选。

政务机器人按照预先设置的筛选规则，自动筛选数据，完成或推进数据预处理工作，锁定进一步加工处理的数据范围。例如，政务机器人在涵盖多指标的报表中筛选核心指标以及需要进一步计算处理的基础指标，基于筛选的数据进行数据计算，整理后续处理。

（3）数据计算。

对于获得的原始结构化数据，政务机器人可按照明确规则自动进行数据计算，从而得到满足个性化管理需求的数据信息。例如，政务机器人基于下载的详细销售数据，按照佣金分配规则进行佣金计算。

（4）数据整理。

政务机器人能够对提取的结构化数据和非结构化数据进行转化和整理，并按照标准模板输出文件，实现从数据收集到数据整理与输出的全流程自动化。例如，政务机器人从不同的政务系统和报告提取、识别数据，并自动进行数据整理。

（5）数据校验。

在预先设置数据映射关系的前提下，政务机器人能够对指定路径获取的批量文件自动进行匹配验证，并对例外事项进行简单调查，对数据错误进行分析和识别。

5. 信息监控与产出

信息监控与产出是指政务机器人模拟人类判断，推进政务运行工作流程的一系列功能，包括工作流分配、标准报告出具、基于明确规则决策、自动信息通知等。

（1）信息监控。

政务机器人能够模仿人随时或定时浏览网页或应用程序页面，检查是否有预先设置应收的信息到达。

（2）工作流分配。

政务机器人可按照预设的工作流程进行工作流分配和交接处理，实现工作流程和批复的自动推进。例如，对于数据校验环节生成的对账失败报告，政务机器人根据预设的对账失败处理流程发邮件至相应人员进行审核与批复。

（3）标准报告出具。

政务机器人将从内部、外部获取的信息，按照标准的报告模板和数据、文字要求，模拟人类操作整合、输出自然语言的报告。例如，政务机器人出具预测数据与实际数据的对比报告，基于收集和整理的数据自动生成监管报告，按照模板创建标准日记账分录、报告，预填制复杂报告中标准规范的部分。

（4）基于规则决策。

政务机器人基于明确的规则，通过自动化指令触发，进行分析、预测和决策。例如，用过去的数据和市场的数据进行自动化预测，根据历史的信用记录进行信用审批，按照预先设置的规则自动处理标准的费用支出。

（5）自动信息通知。

在政务处理流程环节中，对于需要向其他节点（如政务员工、领导、社会公众等）推送信息进行通知、跟催的事项，可调用政务机器人进行信息通知，政务机器人识别涵盖推送信息的关键字段，自动生成信息通知指令，进行信息发送。

三、政务机器人适用的业务特点

在政务机器人出现之前，政务工作履职是靠政府工作人员人工操作或依赖定制的信息系统以一定方式的自动化方式实现。在人工操作情形下，工作效率低、错误率高、人员占用高。而运用信息系统的自动化操作，面对当前出现的优化服务、简化流程、强化共享，让企业和群众"只进一扇门、最多跑一次、一窗办理、一网通办"的"互联网＋政务服务"及"互联网＋监管"风险防控的跨部门、跨系统的数据流转、信息共享、应用协同、责任同担情况时，就需要工作人员在多个系统之间反复切换，或者，对多个异构系统间进行系统改造或 API 开发。政府部门多年积累的软件系统通常由多家软件供应商逐步开发完善而成，因而很难短期完成系统改造。系统改造和 API 开发往往投资成本高、部署周期长、对需求响应缓慢。在系统对接较多的情况下，改造难度更是成倍增加。如果系统之间不允许开放接口，不开放源代码，又或者遗留系统源码已经无处可寻，改造根本无从谈起，只能依赖人工操作完成业务。例如，保障性住房申请审批的人工操作和 RPA 操作如图 4.7、图 4.8 所示。

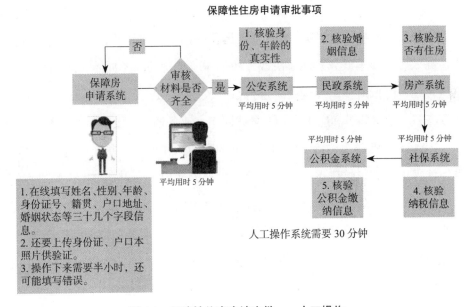

图 4.7 保障性住房申请审批——人工操作

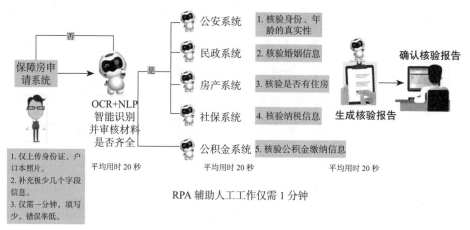

图 4.8 保障性住房申请审批——应用 RPA

RPA 所具有的像人一样操作键盘、鼠标但更快更准，自动高效执行规则明确的大量重复任务，基于屏幕抓取异构系统数据（不关心底层数据结构、代码库等），外挂方式不影响原有系统运行的四个重要特性，可以简便易行、快速高效、低成本低风险地解决政务履职中不同部门、不同系统之间交互的这些难题，降低对多个异构系统进行系统改造或 API 开发的难度，大大提升数据流转、信息共享和应用协同、责任同担、业务畅通的效率。

RPA 政务机器人在特定应用场景下的高效运作，需要基于一定的业务特点才能得以实现。总体来讲，RPA 政务机器人适用于：一是模拟人类进行简单重复的操作，处理量大易错的业务；二是模拟人类阅读屏幕，复制、粘贴所要信息，在不改变原有信息系统架构、不必了解原有系统数据结构和代码、标准的基础上实现异构系统的贯通。并且，政务机器人不知疲倦，7×24 小时不间断工作。

（一）简单重复操作

在政务工作流程中，经常会遇到大量烦琐的工作，有一些工作环节是处理规则明确且需要人工机械、重复的固定流程操作，例如，全国报表的汇总录入；求和确认；分类统计；在每个业务环节分别输入验证企业名称、统一社会信用代码等基础信息；电子文书的生成；纸质材料的扫描与归档；固定格式报告的发布等，只需要按部就班地用键盘或鼠标单击按钮或进行其他规定操作即可完成。这些工作往往只是简单的重复劳动，但却要消耗大量的时间，这种工作不仅束缚了我们的双手和双眼，使我们腰酸背痛，头晕眼花，而且精疲力尽的状态还让我们更容易犯错，再次浪费大量的时间。这类工作或程序环节的特点是流程固定、规则明确，但重复枯燥、附加值低，占用人员不少，效益不高，耗费人力资源，岗位吸引力不足。让 RPA 政务机器人承担这类简单重复操作的流程环节工作，可以减少人力成本，提高工作效率，减少人为错误，提高政务处理质量和准确性。例如，检察院案卡录入和文书开具工作（见图 4.9）。

（二）量大易错业务

工作量大、易于出错的业务更适合引入政务机器人。例如，在大量数据的计算、核对、整合、验证的过程中，由于数据处理工作量大需要投入较高的人力资源去处理，导致人员占用高、人力成本高，同时，此类业务人工操作往往容易出错，而借助政务机器人，能够批量处理数据，数据处理速度快，并且能够大大提高处理的准确性。量大易错的业务特点，为政务机器人的应用提供了必要性（见图 4.10）。

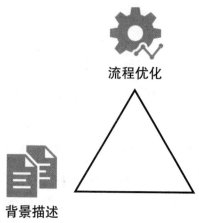

流程优化

背景描述

每天接收公安部门的案件卷宗 6~7 例, 每例 300 页左右。每个案件需拆装扫描归档进入系统, 有时一天都不能处理完

业务分析

对其日常工作流程进行全面梳理, 选出了日常工作中占比最大的案卡录入和文书开具流程, 进行 RPA 实施

图 4.9　某检察院案卡录入和文书开具现状

案卡人工录入工作状况
- 纸质卷宗必须随案件在公检法系统中流转, 有大量的扫描归档工作
- 扫描后, 要在检察院业务系统中建立电子案卡, 后续案件流转均以案卡为准, 人工录入工作烦琐, 错误率高

文书开具工作状况
- 同一案件的多个嫌疑人需开具不同文书
- 开具文书时要根据固定模板替换指定内容, 不同区院开具内容各不相同
- 要针对每个嫌疑人开具文书, 嫌疑人过多时, 带来大量重复工作

RPA 机器人一键自动处理

- 自动提取需要开具文书的嫌疑人信息
- 一个案件 (平均 5 个嫌疑人) 的开具时间由 2 小时缩短至 5 分钟, 正确率 100%
- 只需要人工进行扫描, 扫描后自动归档
- 自动录入归档的卷宗, 减少信息员 80% 的日常工作时间

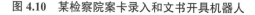

图 4.10　某检察院案卡录入和文书开具机器人

（三）7×24 小时业务

由于政务机器人是基于机器处理的程序，因此政务机器人可以不间断、高效率地工作，并且可以弥补人工操作容忍度低、峰值处理能力差的缺点，适用于 7×24 小时业务。传统人工工作模式下，人员普遍的工作时间为 8 小时 / 工作日，日工作时间有限，并且受工作日限制，有效工作时间基本为 5×8 小时。但是，当政务工作量大时，政务人员的正常工作时间难以满足企业的需求，政务处理业务的效率会大幅下降。

（四）多个异构系统交互

政务机器人通过用户界面或脚本语言与系统交互，完全模拟人类操作和判断，将流程操作设计为独立的自动化任务，交由政务机器人执行。对于多个异构系统间的数据流转，使用政务机器人分别登录多个系统自动执行数据的采集、迁移、输入、校验，以及上传、下载和通知等操作，不需要对数据交互需求涉及的多个异构系统进行改造和 API 开发，不会改变原有的信息系统架构。在异构系统间数据接口开放存在困难的情况下，使用政务机器人更是一个有效的解决方案。

以商事制度改革"三证合一""多证合一"数据共享为例，根据《国务院关于批转发展改革委等部门法人和其他组织统一社会信用代码制度建设总体方案的通知》（国发〔2015〕33 号）和《国务院办公厅关于加快推进"三证合一"登记制度改革的意见》（国办发〔2015〕50 号）的要求，自 2015 年 10 月1 日起在全国全面实施"三证合一"登记制度改革，通过"一窗受理、互联互通、信息共享"，将由工商行政管理、质量技术监督、税务三个部门分别核发

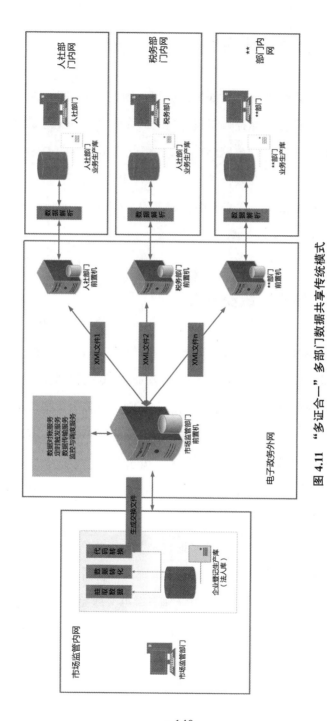

图 4.11 "多证合一"多部门数据共享传统模式

不同证照，改为由工商行政管理部门核发一个加载法人和其他组织统一社会信用代码的营业执照。根据《国务院办公厅关于加快推进"多证合一"改革的指导意见》（国办发〔2017〕41号）要求，自2017年10月1日起，在全国实施多证合一，将公章刻制备案、社保登记证等十三个部门的19项涉企证照事项进一步整合到营业执照上，企业不再另行向税务、社保、公安等部门申请颁发其他相关许可证件。同时，企业登记部门要将企业登记信息传递给税务、海关、公安、商务等部门，以便开展后续监管工作。为此，企业登记部门需要从企业法人数据库中按各部门所需分别抽取企业基本信息、股东信息等有关数据，部分数据经代码语义转换，形成多个XML数据文件，按照不同接收部门，推送或放置到数据交换前置机，传递给相关部门。实现方式如图4.11所示，其中，企业登记部门的数据抽取、代码转换、数据格式转换，以及数据接收部门的数据读取、格式转换、对账反馈、入库等都需要编程实现。

如果采用RPA技术，可以省去很多步骤的编程，交由机器人处理便好，如图4.12所示。

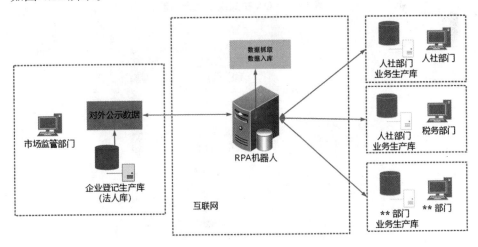

图4.12　"多证合一"多部门数据共享——应用RPA

此外，当数据交互的需求在原有多个异构系统的基础上扩展多个系统时，政务机器人能够以最小的自动化任务重新部署工作量，以最快的速度实现功能扩展。

SOA、接口、政务机器人RPA三种模式的系统运行如图4.13~图4.15所示。

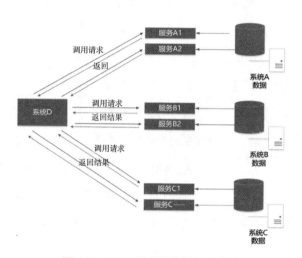

图 4.13　SOA 模式系统运行示意图

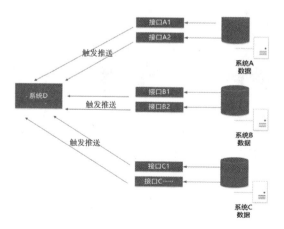

图 4.14　接口模式系统运行示意图

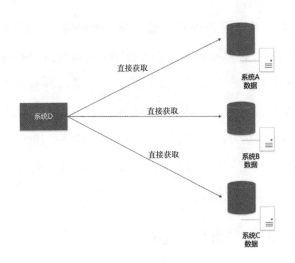

图 4.15　RPA 模式系统运行示意图

四、政务机器人的适用场景

政务工作主要包含政务服务、行政管理、部门协同、政府办公等四个方面。在这些方面，都有政务机器人的适用场景。

（一）政务服务

政府部门的重要职能之一是服务社会公众和企业，为其办理各种行政许可、备案、认证认可、信息咨询等业务。党的十八大以来，国务院多次取消和下放行政审批事项，"放管服"改革取得显著成效，大大激发了市场活力，兴起了"大众创业、万众创新"的新热潮，市场主体数量呈井喷式增长。越来越多的个人、企业开展社会经济活动，与政府的交集越来越多，如何做好政务服务是摆在各级政务面前的一个课题。2017 年 8 月《国务院办公厅关于印发政务信息系统整合共享实施方案的通知》（国务院办公厅发〔2017〕39 号）对政务服务提出了更高的要求，要求推进一体化服务，着力解决跨地区、跨部门、跨层级政务服务信息难以共享、业务难以协同、基础支撑不足等突出问题，统筹推进统一、规范、多级联动的"互联网＋政务服务"。运用新的技术、新的理念、新的思维开展政务服务，有更多的政务机器人需求来辅助开展服务。

1. 信息采集——纸质档案电子化

目前，全国省、市、县等各级政府部门都建有政务服务大厅，再加上市场监管所、税务所等相关部门的一线政务服务窗口，政务部门每天都在为社会公众、企业、机构办理相关行政审批等政务服务事项。国家"放管服"改革、商事制度改革的深化，极大地激发了市场活力，政务服务大厅业务受理量越来越大，每天都会收到大量的纸质原始材料。数字政府建设的基础之一是纸质材料电子化。因此，每天大量重复、基础性的一项工作就是将当事人提交的纸质材料录入信息系统，转变成计算机可读可处理的结构化数据及非结构化数据，完全可由政务机器人代替这些大量重复、规则单一的手工录入工作，解放前台窗口人员的劳动力，提高工作效率，将有限资源投放到审批、审核等确实需要人为干预的核心业务环节。

2. 跨系统信息查询

法院执行法官在办理财产查控时，可以使用 RPA 机器人打通办案系统和总对总查控系统两个系统间的数据，总对总财产查控工作全流程都通过 RPA 机器人完成。RPA 机器人作为非侵入式的手段，不仅能够满足快速落地的需求，且具备明显的成本优势。查控组的执行法官每日工作量可减少60%；查控组执行法官财产查看效率可提升60%。财产查冻的准确率接近100%。

3. 信息通知——邮递电话通知改为短信或微信通知

政务部门办理完行政审批的业务后，为了更好地服务社会大众及企业，很多部门选择邮寄、电话、短信等方式告知当事人，这样简单重复性的工作，可以由政务机器人来代替，以便解放人力。

4. 证照等材料打印——根据条件自主打印

对于已经审核完毕的业务，可以根据身份证识别等条件，触发证照等结果材料自主打印，方便当事人随时领取材料。例如，在2020年初新冠肺炎疫情防控期间，厦门翔安区马巷镇西坂社区居委会使用了UiBot和吾来机器人，社区自动办证机器人能够快速实现外来人口信息采集与出入证办理。申请人扫码后根据机器人提示完成信息填报，机器人智能识别汇总生成报表，自动生成、打印《监督性医学观察人员出入凭证》，待14天隔离期满后，自动批量生成、打印正式的出入证，整个过程完全不需要人工干预，也不需要社区工作人员额外学习新技术，节省了人力并且效率得到了进一步提升。

5. 信息咨询

政务机器人还是一个宣传员，能进行宣传时政、业务办事等。它可以替代大堂经理执行业务咨询、业务办理、自主迎宾等多元化的服务。采用语音识别和语义理解技术，实现高智能咨询对话。配备麦克风阵列系统，语音识别准确率超过98%；集成客服智慧机器人大脑系统，语义理解准确率超过99%。政务机器人支持各种咨询业务办理，通过人机交互，实现高效的政务办理。

6. 业务办理

多数政府部门的情况是，在不同时间点导入了不同的系统，关键业务是由一些老旧系统支撑的，随着时间的推移和业务的革新，使用这些系统进行日常工作变得越来越低效且费力。管理人员一般的解决方案是考虑推翻旧系统，但却需要面临一些更加头痛的问题：现在的技术人员难以解读系统中运用的旧技术；制定流程的人员和文档找不到了，系统之间互相耦合，错综复杂，改造难度高、投入大、时间长；旧的系统支撑着关键业务，无法忍受长时间的研发周期。类似的痛点，都可以应用 RPA 来解决。智能机器人能够集成已有的业务系统，取代办事窗口完成业务的智能化自助办理，缩短群众业务办理的等候时间，提高政府部门的办事效率。同时，还能够办理业务查询，通过验证身份证号等证件信息，对个人业务、企业业务等的办理进度进行查询，免去了窗口服务的等待时间。

7. 智能触摸屏

智能机器人还能够以智能触摸屏为载体，将智能机器人的所有功能进行移植。智能触摸屏同时具有语音识别、语义理解、智能回复、智能导航、快速应答、一站式服务、业务办理等与移动机器人一致的全部功能。

8. 智能导航

提供办事大厅智能导航和楼层间智能导航。在办事大厅内，机器人配备传感系统来感知周围环境信息，通过对话确定起点和终点，完成自主定位、自主导航、自主避障等智能化行为，引导用户到指定的目的地。对于从政务服务大厅到不同楼层的办事窗口之间的路径指引问题，智能机器人以地图的形式告知用户具体的路径，同时进行语音说明播报。

9. 多渠道对接

智能机器人与微信平台、App 等多种渠道进行系统对接，为群众提供 7×24 小时的智能化咨询服务。系统可设置机器人为默认回复系统，系统可自动转人工座席进行解答；对于人工座席无法解答的问题，一键生成工单，交由更为专业的业务人员进行处理。人工座席下班或假期时间，机器人全天候坚守工作岗位，为群众提供政务咨询服务；机器人无法解决的问题，系统会进行自动记录，待人工座席工作时间做出回应。

（二）行政监管类

行政监管是政府部门对企业、机构等行政相对人的管理。目前我国监管机制主要以行业部门监管为主，各行业主管部门按照国家的法律法规和部门规章，根据"三定方案"职责，对监管对象进行日常监管。部门监管是以监管事项为核心，根据法律法规确定，主要包括行政许可、行政检查、行政处罚、行政强制等，按照事前、事中和事后采取的一定的监管措施。事前主要有行政审批、行政许可等；事中主要有"双随机一公开"、主动监测、投诉举报核查、现场核查、日常检查和专项检查等；事后主要有行政处罚、行政强制、联合惩戒等。监管业务模式可分为：分段监管，具体包括研制、生产、流通、消费等环节；分事项监管，可以是许可审批、检查抽查、监督执法、行政处罚等工作；分品种监管，根据风险程度将产品区分为普通商品、重要工业产品、进口商品、食品药品、特种设备等。国家大力推广的"互联网＋监管"建设：一是依法加强对市场主体等行政相对人的监管，及时准确地采集掌握他们的经营情况及相关数据，弥补对市场主体事中事后监管出现"监管缺位"；二是汇聚各部门监管过程数据、重要环节数据、结果数据和协同监管数据，实现监管工作全程留痕，建立监管履职效能评价机制和评估指标，对各地区各部门监管工作开展综合效能评估，强化监管的"监管"，实现对各地区各部门监管工作的监督。用"数字政府"推动实现行政权力透明运行，建设法治政府、廉洁政府。

1. 监控行政相对人

需要实时采集特种设备运行的基础数据，对特种设备安全监管，运行监控。需要实时搜集并监测网络广告是否有违法行为，监管互联网广告。需要实时采集各餐饮饭店、食堂的数据，实施食品安全追溯、明厨亮照等食品安全监管，以防安全风险，等等。这些工作都是规则清晰、重复性较强的工作，政务机器人可以代替人工自动采集相关数据，一是让工作人员从繁忙重复的工作中解脱出来，二是可以避免监管人员接触锅炉等危险设备，既保护人员又能实施监管。

2. 决策分析

高效采集、有效整合、分析挖掘、充分运用政府数据和社会数据，提高大数据运用能力，增强政府服务和监管的有效性，将运用大数据作为提高政府治理能力的重要手段，不断提高政府服务和监管的针对性、有效性。从不同系统中采集数据，自动进行统计计算，亦是政务机器人的擅长之事。

3. 对监管的监管

按照国家"互联网＋监管"的要求，需要采集汇聚各部门、各地区的监管过程数据、重要环节数据、结果数据和协同监管数据，实现监管工作全程留痕，对各地区各部门监管工作开展综合效能评估。逐个部门了解系统现状和需求，逐个部门定制开发接口、双方改造系统实现互联、标准统一格式转换上传数据，其涉及范围之广、系统之多、技术之杂，技术难度和工作量之大不言而喻。RPA 政务机器人可以利用其跨平台且在不改变各部门已有业务系统的前提下采集数据的特性，简单快速地采集各部门各地区的业务系统数据，为"监管的监管"畅通数据渠道。

（三）行政执法类

行政执法是指政府部门依照行政执法程序及有关法律、法规的规定，对具体事件进行处理并直接影响相对人权利与义务的具体行政法律行为，是国家行政机关在执行宪法、法律、行政法规或履行国际条约时所采取的具体办法和步骤，是为了保证行政法规的有效执行，而对特定的人和特定的事件所做的具体的行政行为。2019 年 1 月 3 日，《国务院办公厅关于全面推行行政执法公示制度执法全过程记录制度重大执法决定法制审核制度的指导意见》发布，就全面推行行政执法公示制度、执法全过程记录制度、重大执法决定法制审核制度工作有关事项提出明确要求。着力推进行政执法透明、规范、合法、公正，不断健全执法制度、完善执法程序、创新执法方式、加强执法监督，全面提高执法效能，推动形成权责统一、权威高效的行政执法体系和职责明确、依法行政的政府治理体系，确保行政机关依法履行法定职责，切实维护人民群众合法权益，为落实全面依法治国基本方略、推进法治政府建设奠定坚实基础。要求充分利用信息系统和数据资源，构建操作信息化、文书数据化、过程痕迹化、责任明晰化、监督严密化、分析可量化的行政执法信息化体系，做到执法信息网上录入、执法程序网上流转、执法活动网上监督、执法决定实时推送、执法信息统一公示、执法信息网上查询，实现对行政执法活动的即时性、过程性、系统性管理。

1. 违法数据采集

违法信息的采集是行政执法的第一环节，有些违法信息和线索来自互联网，有些来自电话、电视、报纸等媒体，需要将这些材料录入案件系统中，以便开展后续的案例工作，可以利用政务机器人 OCR 识别技术，将非结构化的数据采集并转化成结构化数据录入案件系统中，进一步规范办案工作。

2. 违法证据固定

随着互联网的普及，许多违法行为都是在网上发生的，如虚假广告、钓鱼网站等，政府部门在办理案件时需要将这些违法证据固定下来，以往都是靠人工搜索、截屏等传统的方式，由于互联网信息量太大，导致工作效率低下，利用政务机器人可以很好地采集信息、固定证据并将证据保存在本地计算机中，可以极大地提高工作效率。

3. 执法文书卷宗制作

对当事人出具的行政处罚决定书，包括当事人基本信息、违法事实、处罚依据、处罚结果等内容，以往都是人手书写，或者通过信息系统录入相关内容形成文书和档案，现在可以利用政务机器人，根据结构化字段和非结构化的图片等证据材料自动生成文书档案，以减少办案人员的简单重复劳动，使案件文书档案更加规范，提高办案效率。

4. 执法结果公示

将行政处罚结果在政府网站及国家企业信用信息公示系统等相关系统公示是落实行政处罚公示制度的基本要求。以往需要将行政处罚决定书手工录入发布在政府网站，或导入国家企业信用信息公示系统等专业系统，以满足在不同渠道公示的要求。利用 RPA 政务机器人，可以按照固定的格式，向不同的渠道分别公示行政处罚结果，取代人工操作，可以大大提高工作准确性和公示及时性，为社会公众提供便捷的服务。

（四）跨部门协作类

1. 信息共享

国务院"互联网＋政务服务"要求，加强政务信息资源跨层级、跨地域、跨系统、跨部门、跨业务互联互通和协同共享，坚持联网通办是原则、孤网是例外，政务服务上网是原则、不上网是例外，整合共享、优化流程、创新服务，推进跨层级、跨地域、跨系统、跨部门、跨业务的协同管理和服务，推动企业和群众办事线上"一网通办"（一网），线下"只进一扇门"（一门），现场办理"最多跑一次"（一次），运用互联网、大数据、人工智能等信息技术，通过技术创新和流程再造，增强综合服务能力，进一步提升政务服务效能。以共享筑根基，让"数据多跑路"做好政务信息系统改造对接。按照谁建设系统、谁负责对接的原则，各级政务部门加快改造自有的跨层级垂直业务信息系统，实现跨层级、跨地域、跨系统、跨部门、跨业务数据互联互通，避免数据和业务"两张皮"，减少在不同系统中重复录入，提高基层窗口工作效率。商事制度改革，从三证合一、五证合一、多证合一到证照分离，无一不是以数据互通、信息共享为基础实现的。要实现跨层级、跨地域、跨系统、跨部门、跨业务数据互通、信息共享，首先需要先了解业务，核对数据项目，掌握应用系统架构和模式，然后统一标准，规范技术架构，各自改造系统，开发接口，转换代码，联调测试。利用 RPA 政务机器人，只需简单了解业务，明白屏幕展现出来的数据含义，利用 RPA 跨平台、屏幕抓取、外挂方式等特性非侵入地从其他部门网站或业务系统上获取数据，利用自动采集、自动识别技术，所见即所得，简单快捷地实现信息共享。

2. 二次录入

由于各市委办局审批系统和综合窗口受理平台数据没有打通，在实际操作中，综合窗口工作人员录入的事项办理数据，"互联网＋政务服务"所要求的"无缝连接"的政务服务模式，对于那些习惯于在自系统中独立处理业务事项的政府部门，委办局审批时还得重新再录入一遍，所以办事数据在政务服务中心存在大量二次录入的现象。利用 RPA 政务机器人，从综合窗口受理平台自动抓取办事信息录入到委办局审批系统，从而解决政务服务中心二次录入的问题。

（五）政务办公类

1. 信息采集—舆情分析

舆情分析是现在政府部门研判形势的一个重要手段和途径，每天需要从不同的媒体获取与部门有关的热点问题，然后进行数据整理，分析，得出舆情报告。政务机器人可以利用其自动打开网页浏览、自动抓取网页信息、自动生成报告的功能，帮助政府人员完成舆情报告的采集和撰写。

2. 灵活统计分析

作为国家或中央部门需要经常统计各省的相关业务数据，有些数据已通过建立信息系统进行采集，然而还有更多的情况是针对一些问题灵活统计，没法通过信息系统采集，需要各地手工填报，然后再汇总，政务机器人可以利用其自动获取和处理 Word、Excle 等文件数据的优势，帮助政府人员汇总、统计相关信息。

3. 突发事件信息处理

面对瞬息万变的今天，政府部门的一项工作就是经常性地面对突发性事件并进行处理。例如，2020 年新型冠状肺炎疫情，市场监管部门需要从登记系统中获取企业基本信息，需要从许可系统获取企业是否获得口罩等防疫用品生产许可，需要从案件系统中看是否有野生动物交易等处罚行为，只有从不同的系统中调取相关数据才能进行综合研判处理，在不改变原有各自信息系统，又不能立项新开发信息系统的情况下，可以利用政务机器人跨平台获取信息的优势，采集、分析、整理信息，处理突发事件。

4. 财务报销

政府部门内部也有出差、采购物品等日常活动，也需要报销的常规工作，可以利用财务机器人等工具，帮助政府部门人员完成单据搜集、信息采集录入、自动比对发票等工作，加快报销，为人们带来便利。

五、政务机器人与常用开发方式之比较

（一）开发理念及适用对象

传统的软件开发，要求目标明确，需求清楚，需要科学论证，经过分析、设计、编码、测试、上线等过程，一般要遵循系统性、整体性、集成性、实用性、发展性、规范性、效益型等原则，强调规范性、程序化长期不变的业务。无论是从零开始的全新系统，还是在已有系统之上的扩充、修改、升级，都需采用结构化生命周期法、原型化法或面向对象的开发方法，紧扣业务流程，清楚数据结构，统一标准规范，确定技术架构（或遵循前期的技术架构），以流程功能为主。传统软件开发适用于从零开始完整业务流程的全新系统开发。

RPA 政务机器人并不适合一个完整业务流程的程序应用开发，而更适合于业务流程中的一些规则明确、大量重复、简单烦琐的程序环节，以及提高现有系统的效率。一方面，政府各部门早已拥有大量应用的业务信息系统，这些系统无论处于生命周期的哪一阶段，都需要通过重塑更高效的 IT 架构，打破信息系统孤岛，打破数据分散篱笆，RPA 机器人不在乎底层数据结构和后台代码规则，所见即所得，只要屏幕让我看见就行。因此，机器人的开发，是基于屏幕所见，目标清楚，定位精确，响应快速，轻小灵活，重点关注业务应用，不必太在乎技术，以解决问题为主。另一方面，目前部分部门还处在数字化转型的初期，甚至有些部门对于建设理想中的智能化都处于需求不明确、缺乏整体性的战略规划中。对当前的数字化水平认知不足，而 RPA 机器人流程自动化的出现正好是启动数字化转型的开始，RPA 是一种相对而言性价比很高的方法。

（二）开发时间与效能

应用软件系统开发的时间、效能与系统架构和开发方法有关。

1. 开发技术——系统架构

传统的软件开发，当需求相对简单时，一个系统会包含所有功能，也就是所谓的单体应用架构。单体应用架构一般采用分层方式，如 MVC 三层架构模式，将视图、数据模型、控制服务进行分离，代码相对清晰。这个阶段的业务比较简单，产品功能比较单一，业务会随时根据运行数据进行调整。从开发角度，所有开发者基于一套代码进行开发，按功能模块对系统进行分解，不同开发人员负责不同模块开发。从部署角度，一个应用一般部署在一台服务器或几台服务器组成的集群。集群部署时每个节点部署的应用都是相同的（见图 4.16）。

单体架构比较初级，是典型的三级架构，如前端（Web/ 手机端）+ 中间业务逻辑层 + 数据库层。这是一种典型的 Java Spring mvc 或者 Python Drango 框架的应用。其架构如图 4.17 所示。

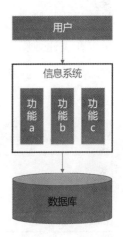

图 4.16　单体架构

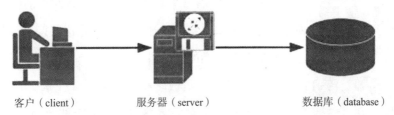

客户（client）　　　　服务器（server）　　　　数据库（database）

图 4.17　典型的 Java Spring mvc 或 Python Drango 框架

随着业务发展和数据量增大，数据存储可能达到 PB 级别，这时既要保证业务的稳定运行，又要进行产品的快速迭代。这时要对前端加速优化，一般是采用 CDN 等技术让前端的静态资源快速响应客户的操作；水平向后台服务分布式扩展，需要使用负载均衡实现，但要有对负载均衡的分流设计；数据库的优化，主要结构化和非结构数据的设计，以及通过缓存提供数据响应。架构设计主要分为以下六部分：前端系统扩展、无状态服务设计、在线水平扩展、后端系统扩展、系统通信和消息中间件。同时采用 HADOOP、spark、storm 等处理大数据、统计分析等工作。

单体架构的应用比较容易部署、测试，在项目的初期，单体应用可以很好地运行。然而，随着需求的不断增加，越来越多的人加入开发团队，代码库也在飞速地膨胀。慢慢地，单体应用变得越来越臃肿，可维护性、灵活性逐渐降低，维护成本越来越高。

随着需求旺盛增长，应用系统规模日益庞大、复杂，单体应用架构难于继续适用，出现了 SOA 架构（见图 4.18）。

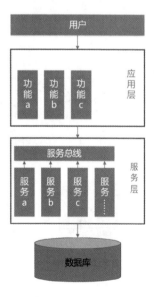

图 4.18 SOA 架构

SOA 架构在设计开始时会先定义好服务合同（service contract），SOA 架构集中管理所有的服务，包括集中管理业务逻辑、数据、流程、Schema，等等。SOA 架构通常会预先把每个模块服务接口都定义好。模块系统间的通信必须遵守这些接口，各服务是针对它们的调用者。

SOA 是集成多个较大组件（一般是应用）的一种机制，它们将整体构成一个彼此协作的套件。一般来说，每个组件会从始至终执行一块完整的业务逻辑，通常包括完成整体大 action 所需的各种具体任务与功能。组件一般都是松耦合的，但这并非 SOA 架构模式的要求。当服务越来越多，容量的评估、小服务资源的浪费等问题逐渐显现，此时需增加一个调度中心基于访问压力实时管理集群容量，提高集群利用率。此时，用于提高机器利用率的资源调度和治理中心（SOA）是关键。

一般来讲，对于业务很复杂、模块很多的项目，采用 SOA 架构是比较好的选择，可以有效地解决模块调用紊乱和高并发等问题。SOA 具有松耦合的特性，使企业可以按照模块化的方式来添加新服务或更新现有服务，以解决新的业务需要，提供选择，从而可以通过不同的渠道提供服务，并可以把企业现有的或已有的应用作为服务，从而保护了现有的 IT 基础建设投资。

利用 SOA 架构开发的优势有三点：一是更易维护。业务服务提供者和业务服务使用者的松散耦合关系及对开放标准的采用确保了该特性的实现。建立在 SOA 基础上的信息系统，当需求发生变化的时候，不需要修改提供业务服务的接口，只需要调整业务服务流程或修改操作即可，整个应用系统也更容易被维护。二是更高的可用性。该特点是在服务提供者和服务使用者的松散耦合关系上得以发挥与体现的。使用者无须了解提供者的具体实现细节。三是更好的伸缩性。依靠业务服务设计、开发和部署等所采用的架构模型实现了伸缩性，使服务提供者可以彼此独立地进行调整，以满足新的服务需求。

SOA 架构适用于 TOGAF 之类的架构方法论。

随着互联网应用兴起，单体应用架构和 SOA 架构都无法满足需求的快速迭代，以及用户规模的快速扩张对系统横向扩展的需求。于是，将原来单体应用按业务形态进行分割成不同小系统，每个小系统自成体系，可以用不同技术，不同数据库产品满足业务需求，这些小系统就是一个个的服务，简称微服务。微服务之间通信一般采用 RPC、HTTP 协议，业界有比较成熟的框架，如阿里的 dubbo、谷歌的 grpc 等。从每个微服务看，需求相对单一，实现简单，可以选择团队擅长的技术，需求能够快速迭代，容易横向扩展。那么从整个系统看，大量的微服务带来了治理的复杂度，需要考虑请求路由、接入，服务跟踪、熔断、降级，服务注册、发现，配置管理等基础功能。这些需求往往需要大数据、机器学习的支撑。

微服务架构有两个最主要特征：细粒度和独立，简单来讲微服务就是细粒度的、独立的服务（见图 4.19）。

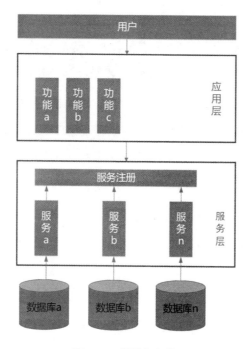

图 4.19 微服务架构

　　细粒度就是每一个服务专注做好一件事情，每个服务完成一个单一任务。在功能不变的情况下，应用被分解为多个可管理的服务，这是为了解决复杂性问题。

　　独立开发，独立测试，独立部署，独立更新。开发者不再需要协调其他服务部署对本服务的影响。这种改变可以加快部署速度，可以分布式、持续化部署。

　　从架构的角度来讲，微服务架构相当于过去的单体架构。单体架构的SOA虽然面向服务了，但是这些服务只是分了模块，没有成为独立的服务，它们都是访问统一的数据库，SOA里面每一个模块都不是独立部署的。在微服务架构里面这些服务是独立部署的，服务都有自己的数据，独立开发、测试、变更。

　　在单体系统架构下做一个变更修改，不得不把整个系统重新部署一遍，这个时间周期会很长，而且牵一发动全身。

　　微服务架构易于开发和维护，一个微服务只会关注一个特定的业务功能，所以它业务清晰、代码量较少。开发和维护单个微服务相对简单。而整个应用是由若干个微服务构建而成的，所以整个应用也会被维持在一个可控状态。微服务架构的局部修改容易部署，单体应用只要有修改，就得重新部署整个应用，微服务解决了这样的问题。一般来说，对某个微服务进行修改，只需要重新部署这个服务即可。

　　首先，微服务架构的独立部署可以做到快速迭代，持续交付，永远的测试版，这个系统没有完成时，永远在改，因为服务只要有新的需求时就快速变更，哪些服务不用了，让它休眠就可以了，这样的话就可以做到持续的交付。其次，独立部署可以做到只针对需要的部分进行扩展，如说某一个功能用户大量在使用时，就把更多资源配给它。过去是整块的结构，只能基于整块进行扩展。现在当并发量很大时，只需要根据它的访问系统自动地把资源配给它。最后，独立部署，每个服务都拥有自己的数据，这给数据治理也带来了新的要求，推动实现去中心化的服务治理。

单体架构更适合轻量级的简单应用，如果用它来开发复杂应用，那真的会很糟糕。但是，微服务架构则可以用来构建复杂应用。未来业务的敏捷一定要依赖于信息基础设施的敏捷，我们一直追求敏捷的 IT：一个弹性可扩展的云计算与大数据基础平台（IaaS + PaaS），加上基于微服务架构的原生云应用（SaaS）开发，这已成为企业级 IT 的必然选择（见图 4.20）。

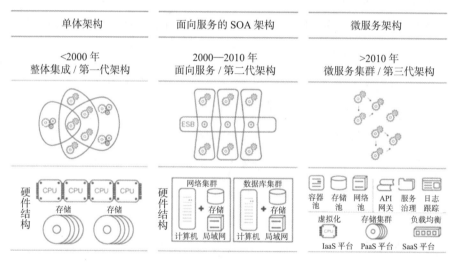

图 4.20   系统架构演进之路

随着微服务在云上大行其道，又提出云原生应用。上云就意味着，通过软件可以定义所有资源，其中主机资源是采用虚机的方式还是容器的方式去定义的问题。因为容器更轻量、资源利用率高，并且微服务更容易通过 docker 镜像进行打包进行部署，docker 成为微服务部署的事实标准。通过微服务与容器的结合，简化微服务的部署，并且通过容器编排的框架，如 K8s，给微服务提供了更强大的基础支撑，简化微服务架构的复杂度，但对技术提出了更高的要求。

这个阶段业务交换频繁、业务逐步复杂，适应智能化需求。前端和数据都会有很大的压力，对业务响应的效率要求就非常高；弹性扩容，系统因需求和用户的增长，会出现波峰与波谷，需要通过弹性扩容更好地利用资源；功能服务化，需要将之前功能服务化，如微服务设计；从技术选型上看，架构主要对系统功能进行拆分，实现服务分而治之、各司其职、协同工作，共同完成业务逻辑。

微服务架构提倡将单一应用程序划分成一组小的服务，服务之间互相协调。微服务强调服务的大小，它关注的是某一个点，是具体解决某一个问题或提供落地对应服务。微服务的优点，是每个服务足够内聚，足够小，代码容易理解，这样能聚焦一个指定的业务功能。微服务的每个服务为独立的业务开发，单独部署，跑在自己的进程中，分布式管理，非常强调隔离性。微服务通常是直接面对用户的，每个微服务通常直接为用户提供某个功能。类似的功能可能针对手机有一个服务，针对机顶盒是另外一个服务。微服务架构高内聚、低耦合，关注敏捷交付和系统部署速度，只要用户用得到，就先把这个服务挖出来。然后针对性地，快速确认业务需求，快速开发迭代（表 4.1）。

表 4.1　单体架构、SOA 架构与微服务架构比较

不同方面	单体	SOA	微服务
开发方式	项目臃肿，配置烦琐，一套程序包含所有功能，功能化开发	模块化，组件化设计，依赖 ESB 服务总线实现，项目整体简单，开发配置相对简单，支持并行开发	服务化，组件化；支持前端、数据、逻辑全面服务化；支持前后段分离，可提高后端复用

不同方面	单体	SOA	微服务
开发团队	团队开发	团队开发	独立开发、并行开发
通信协议	本地接口调用，没有远程服务，如 API/Object	重量级通信协议，如 WebService XML	使用轻量级协议，如 RESTful Json
可读性	可读性差	可读性差	可读性易
部署方式	单进程部署，慢	工程部署，慢	自动部署，容器化部署，快；更适合分布式部署
可迭代性	整个工程整体修改，迭代性差	系统性的改变需要整体修改，迭代性差	系统性的改变是创建一个新的服务或调整一个服务，迭代性好
耦合度与颗粒度	耦合度高，颗粒度大	耦合度相对高、颗粒度较大	耦合度小，趋近于零；颗粒度小
安全与权限	强调角色控制，权限集中控制，针对功能控制	强调访问地址控制，针对功能控制	强调的是路由控制，更精细化，可控制地址、数据、组件等
实现速度	慢	较快	快
系统性能	吞吐量小	吞吐量小	吞吐量大
系统扩展性	扩展性差	拓展性较差	拓展性好，可按需动态扩展
技术栈多样性	单一、封闭	单一、开放	多样、开放

但是，微服务架构涉及的关键技术多（见图 4.21），对开发者的技术要求高，难度大。目前缺少基于微服务的开发平台，因此，用微服务架构开发更多要依赖于技术人员。除了需求的提出外，业务人员基本插不上手。由于缺少微服务的平台化，微服务架构的系统运维要求较高，更多的服务意味着更多的运维投入。在单体架构中，只需要保证一个应用正常运行。而在微服务中，需要保证几十甚至几百个服务的正常运行与协作，这给运维带来了很大的挑战。同时，接口调整成本也高，微服务之间通过接口进行通信。如果修改某一个微服务的 API，可能所有使用了该接口的微服务都需要做调整。

自动化部署
容器化部署，支持自动下载、
编译、发布

组件化服务化
系统颗粒化，将原有系
统打散，以组件和服务
的方式调用组装

熔断容错
通过熔断机制，保障服务的
正常运行，单个服务的中断
不会影响整个系统运行

数据一致性
通过服务补偿机制、
分布式事务、对账等，
服务之间互为补充，
保证数据一致性

轻量级通信
使用轻量级数据协议，如RESTful
简单的数据结构，如Json，页面
使用无须转换

图 4.21 微服务关键技术点

目前微服务架构处于主流地位，很多应用单体、SOA 架构的企业开始慢慢转向微服务架构。

RPA 政务机器人，可以将其看作是一个基于微服务架构模式的开发、运行平台，不仅技术人员可以快速掌握、灵活运用，业务人员也能一定程度地使用。

2. 开发技术——模型方法

单体应用、SOA 架构、微服务架构的应用软件，都会采用某种模型方式进行开发，常用的开发模型和方法有瀑布式、原型化、迭代式、螺旋式、敏捷式、面向对象的软件开发等。

（1）瀑布模型式开发是最典型的预见性的方法，严格遵循预先计划的需求分析、设计、编码、集成、测试、维护的步骤顺序进行。步骤成果作为衡量进度的方法，如需求规格、设计文档、测试计划和代码审阅等。瀑布式的主要问题是它的严格分级导致自由度降低，项目早期即作出承诺导致对后期需求的变化难以调整，开发周期长，代价高昂。

（2）原型化方法，即Prototyping，是为弥补瀑布式模型的不足而产生的版本，是用户和软件开发人员之间进行的一种交互过程。传统软件开发模型的典型"瀑布式模型"将软件生存期划分为若干阶段，根据不同阶段工作的特点，运用不同的方法、技术和工具来完成该阶段的任务。软件人员遵循严格的规范，在每一阶段工作结束时都要进行严格的阶段评审和确认，以得到该阶段的一致、完整、正确和无多义性的文档，把这些文档作为阶段结束的标志"冻结"起来，并以它们作为下一阶段工作的基础，从而保证软件的质量。传统思想之所以强调每一阶段的严格性，尤其是开发初期要有良好的软件规格说明，主要是源于过去软件开发的经验教训，即在开发的后期或运行维护期间，修改不完善的规格说明要付出巨大的代价。因此人们投入极大的努力来加强各阶段活动的严格性，特别是前期的需求分析阶段，希望得到完善的规格说明以减少后期难以估量的经济损失。但是，很难得到一个完整准确的规格说明，特别是对于一些大型的软件项目，在开发的早期，用户往往对系统只有一个模糊的想法，很难完全准确地表达对系统的全面要求，软件人员对于所要解决的应用问题认识更是模糊不清。经过详细的讨论和分析，也许能得到一份较好的规格说明，但却很难期望该规格说明能将系统的各个方面都描述得完整、准确、一致，并与实际环境相符。很难通过它在逻辑上推断出（不是在实际运行中判断评价）系统运行的效果，以此达到各方对系统的共同理解。随着开发工作向前推进，用户可能会产生新的要求，或因环境变化，要求系统也能随之变化；开发者又可能在设计与实现的过程中遇到一些没有预料到的实际困难，需要以改变需求来解脱困境。因此规格说明难以完善、需求的变更、以及通信中的模糊和误解，都会成为软件开发顺利推进的障碍。尽管在传统软件生存期管理中通过加强评审和确认、全面测试来缓解上述问题，但不能从根本上解决这些问题。为了解决这些问题，逐渐形成了软件系统的快速原型的概念。在形成一组基本需求之后，通过快速分析方法构造出待建的原型版本，然后根据顾客在使用原型的过程中提出的意见对原型进行修改，从而得到原型的更新版本，这一过程重复进行，直至得到满足顾客需求的系统。总体来说，原型化方法从用户界面的开发入手，首先形成系统界面原型，用户运行用户界面原型，并就同意什么和不同意什么提出意见。原型化方法的第一步是创建一个快速原型，能够满足项目干系人与未来的用户可以与原型进行交互，再通过与相关干系人进行充分的讨论和分析，最终弄清楚当前系统的需求，进行了充分的了解之后，在原型的基础上开发出用户满意的产品。在实际的项目过程中，借助于组织过程资产以及快速模型软件，一般在需求分析的时候，就可以建立一些简单的原型，惯用的方法就是将其他项目拿到本次项目实施地，作为原型化模型。

（3）迭代式开发也被称作迭代增量式开发或迭代进化式开发，是一种与传统的瀑布模型式开发相反的软件开发过程，它弥补了传统开发方式中的一些弱点，具有更高的成功率和生产率。迭代式开发每次只设计和实现整个系统的一部分，每次设计和实现一个阶段叫作一个迭代。在迭代式开发方法中，整个开发工作被组织为一系列的短小的、固定长度（如3周）的小项目，被称为一系列的迭代。每一次迭代都包括了需求分析、设计、实现与测试。采用这种方法，开发工作可以在需求被完整地确定之前启动，并在一次迭代中完成系统的一部分功能或业务逻辑的开发工作，再通过客户的反馈来细化需求，并开始新一轮的迭代，直至完成整个软件系统开发。

（4）螺旋式开发。1988 年，巴利·玻姆（Barry Boehm）正式发表了软件系统开发的"螺旋模型"，它将瀑布式模型和原型模型结合起来，强调了其他模型所忽视的风险分析，特别适合于大型复杂的系统。"螺旋模型"刚开始规模很小，当项目被定义得更好、更稳定时，逐渐展开。"螺旋模型"的核心就在于开发者不需要在刚开始的时候就把所有事情都定义得清清楚楚。轻松上阵，定义最重要的功能，实现它，然后听取客户的意见，之后再进入到下一个阶段。如此不断轮回重复，直到得到满意的最终产品。螺旋式开发的步骤是：

①制订计划：确定软件目标，选定实施方案，弄清项目开发的限制条件；

③风险分析：分析评估所选方案，考虑如何识别和消除风险；

③实施工程：实施软件开发和验证；

④客户评估：评价开发工作，提出修正建议，制订下一步计划。

螺旋式模型很大程度上是一种风险驱动的方法体系，因为在每个阶段之前及经常发生的循环之前，都必须首先进行风险评估。

（5）极限编程（extreme programming，XP）是一个轻量级的、灵巧的软件开发方法，同时它也是一个非常严谨和周密的方法。它是由肯特·拜克（Kent Beck）在 1996 年提出的，适用于小团队开发管理。它的基础和价值观是交流、朴素、反馈和勇气，即任何一个软件项目都可以从四个方面入手进行改善：加强交流，从简单做起，寻求反馈，勇于实事求是。XP 是一种近螺旋式的开发方法，它将复杂的开发过程分解为一个个相对比较简单的小周期；通过积极的交流、反馈以及其他一系列的方法，开发人员和客户可以非常清楚开发进度、变化、待解决的问题和潜在的困难等，并根据实际情况及时地调整开发过程。对比传统的软件开发方式，XP 强调把它列出的每个方法和思想做到极限，做到最好；其他 XP 所不提倡的，则一概忽略（如开发前期的整体设计等）。XP 要求用最简单的办法实现每个小需求，前提是按照这些简单设计开发出来的软件必须通过测试。这些设计只要能满足系统和客户在当下的需求就可以了，不需要任何画蛇添足的设计，简单的设计并不是没有设计的流水账式的程序，也不是没有结构、缺乏重用性的程序设计，所有这些设计都将在后续的开发过程中被不断地重整和优化。XP 中，所有的代码都是由两个程序员在同一台机器上一起写的——这种结对编程方式虽然保证了所有的代码、设计和单元测试至少被另一个人复核过，代码、设计和测试的质量因此得到提高，但也是 XP 中争议最多、也是最难实施的一点，看起来像是在浪费人力资源（但各种研究表明事实恰恰相反，这种工作方式反倒可能提高工作效率）。XP 方法的产生是因为难以管理的需求变化，从一开始用户并不是完全知道他们要的系统是怎么样的，你可能面对的系统的功能一个月变化多次。在大多数软件开发环境中，不断变化的需求是唯一的不变，这个时候应用 XP 就可以取得别的方法不可能取得的成功。

（6）敏捷式软件开发又称敏捷开发，是一种从 20 世纪 90 年代开始逐渐引起广泛关注的一种新型软件开发方法，是一种应对快速变化需求的一种软件开发能力。它们的具体名称、理念、过程、术语都不尽相同，相对于"非敏捷"，更强调程序员团队与业务专家之间的紧密协作、面对面的沟通（认为比书面的文档更有效）、频繁交付新的软件版本、紧凑而自我组织型的团队、能够很好地适应需求变化的代码编写和团队组织方法，也更注重软件开发中人的作用。敏捷软件开发的一个典型代表是 Scrum 技术。Scrum 开发管理方法是：在早期发现可能的问题，可以更快地，最小损失地应对问题。Scrum 的一个关键原则是承认客户可以在项目过程中改变主意，变更他们的需求，而预测式和计划式的方法并不能轻易地解决这种不可预见的需求变化。同样，Scrum 采用了经验方法——承认问题无法完全被理解或定义，因而更关注如何使开发团队快速响应不断出现的需求的能力最大化。敏捷开发是一种以人为核心、迭代、循序渐进的开发方法。XP 和 Scrum 都是敏捷方法，XP 和 Scrum 区别是：Scrum 偏重于过程，XP 则偏重于实践。Scrum 没有对软件的整个实施过程开出工程实践的"处方"，而是要求开发者自觉保证。但 XP 对整个流程方法定义非常严格，规定需要采用 TDD、自动测试、结对编程、简单设计、重构等约束团队的行为。（TDD 是测试驱动，Test-Driven Development，是敏捷开发中的一项核心实践和技术，也是一种设计方法论。TDD 的原理是在开发功能代码之前，先编写单元测试用例代码，测试代码确定需要编写什么产品代码）。互联网带来的巨变使敏捷方法受到了更多开发团队的青睐，其中 Scrum 以其扩展性、门槛低、名字和术语更容易被开发团队接受等因素，逐渐成为最受欢迎的敏捷流派。

Scrum 是迭代式增量软件开发过程。敏捷开发与迭代式开发两者有关，但不是一回事。

迭代式开发是一种软件开发的生命周期模型，与其对应的还有瀑布模型、螺旋模型等。迭代模型是敏捷开发普遍使用的软件生命周期模型，敏捷开发所包含的内容比迭代模型宽泛得多。

敏捷开发是多种软件开发项目管理方法的集合，其中包括了 XP、Scrum 等十几种开发模式，这些开发方法基本都倾向于采用迭代的软件开发生命周期模型。这些开发方法有些共同点，如重视响应变更，重视实现客户的价值，重视开发人员的自身发展等，其核心体现在著名的四句原则中：

个人和交互重于流程和工具。

有效的软件重于全面的文档。

客户合作重于合同谈判。

因时制宜重于按步就班。

或者说：

个人和交互要胜过过程和工具。

可工作的软件要胜过全面的文档。

客户的协作要胜过合同的协商。

对于变更的响应要胜过遵循计划。

敏捷开发集成了新型开发模式的共同特点，重点强调：

①敏捷就是"快"。快才可以适应目前社会的快节奏，要快就要发挥个人的个性思维，多一些个性思维。

②客户参与。以人为本，用户是软件的使用者，是业务理解的专家，没有用户的参与，开发者很难理解客户的真实需求。

③强调软件开发的产品是软件，而不是文档。文档是为软件开发服务的，而不是开发的主体。

④设计周密是为了最终软件的质量，但不表明设计比实现更重要。

⑤迭代。软件的功能是用户的需求，界面的操作是用户的"感觉"。强调迭代是可缩短软件版本的周期。

⑥小版本。快速功能的展现，看似简单，但要合理地分割与总体上统一复杂的客户需求，很好地兼顾二者是不容易的。

微服务架构是当前支持敏捷开发的一种较好的技术架构。

（7）面向对象方法（object-oriented method）是一种把面向对象的思想应用于软件开发过程中，指导开发活动的系统方法，简称OO（object-oriented）方法，是建立在"对象"概念基础上的方法学。对象是由数据和允许的操作组成的封装体，与客观实体有直接对应关系，一个对象类定义了具有相似性质的一组对象。而继承性是对具有层次关系的类的属性和操作进行共享的一种方式。所谓面向对象就是基于对象概念，以对象为中心，以类和继承为构造机制，来认识、理解、刻画客观世界和设计、构建相应的软件系统。

面向对象方法的实质是主张从客观世界固有的事物出发来构造系统，提倡用人类在现实生活中常用的思维方法来认识、理解和描述客观事物，强调最终建立的系统能够映射问题域，也就是说，系统中的对象以及对象之间的关系能够如实地反映问题域中固有事物及其关系。

面向对象方法的主要特征如下。

①封装性。封装是一种信息隐蔽技术，它体现于类的说明，是对象的重要特性。封装使数据和加工该数据的方法（函数）封装为一个整体，以实现独立性很强的模块，使得用户只能见到对象的外特性（对象能接受哪些消息，具有哪些处理能力），而对象的内特性（保存内部状态的私有数据和实现加工能力的算法）对用户是隐蔽的。封装的目的在于把对象的设计者和对象者的使用分开，使用者不必知晓行为实现的细节，只须用设计者提供的消息来访问该对象。

②继承性。继承性是子类自动共享父类之间数据和方法的机制。它由类的派生功能体现。一个类直接继承其他类的全部描述，同时可修改和扩充。继承具有传递性。继承分为单继承（一个子类只有一父类）和多重继承（一个类有多个父类）。类的对象是各自封闭的，如果没继承性机制，则类对象中数据、方法就会出现大量重复。继承不仅支持系统的可重用性，而且还促进系统的可扩充性。

③多态性。对象根据所接收的消息而做出动作。同一消息为不同的对象接受时可产生完全不同的行动，这种现象称为多态性。利用多态性用户可发送一个通用的信息，而将所有的实现细节都留给接受消息的对象自行决定，如是，同一消息即可调用不同的方法。例如：Print 消息被发送给一幅图或一

张表时调用的打印方法与将同样的 Print 消息发送给一份正文文件而调用的打印方法会完全不同。多态性的实现受到继承性的支持，利用类继承的层次关系，把具有通用功能的协议存放在类层次中尽可能高的地方，而将实现这一功能的不同方法置于较低层次，这样，在这些低层次上生成的对象就能给通用消息以不同的响应。在 OOPL 中可通过在派生类中重定义基类函数（定义为重载函数或虚函数）来实现多态性。

面向对象的方法是一种分析方法、设计方法和思维方法。面向对象方法学的出发点和所追求的基本目标是使人们分析、设计与实现一个系统的方法尽可能接近人们认识一个系统的方法。也就是使描述问题的问题空间和解决问题的方法空间在结构上尽可能一致。其基本思想是：对问题空间进行自然分割，以更接近人类思维的方式建立问题域模型，以便对客观实体进行结构模拟和行为模拟，从而使设计出的软件尽可能直接地描述现实世界，构造出模块化的、可重用的、维护性好的软件，同时限制软件的复杂性和降低开发维护费用。

几种开发方法的对比如下。

传统的瀑布模型式开发，也就是从需求到设计，从设计到编码，从编码到测试，从测试到提交这样的流程，要求每一个开发阶段都要做到最好。特别是前期阶段，设计得越完美，提交后的成本损失就越少。这种开发方式周期很长，一个项目开发下来少则半年，多则数年，还可能遇到一个项目开发完成后，系统预定目标已经变了，系统已不再适用的情况。由于开发周期长，开发过程中常常出现需求变更、人员变动、资金不匹配、投入大于产出等问题。

迭代式开发，不要求每一个阶段的任务做得最完美，而是明明知道还有很多不足的地方，却偏偏不去完善它，而是把主要功能先搭建起来，以最短的时间，最少的损失先完成一个"不完美的成果物"直至提交。然后再通过客户或用户的反馈信息，在这个"不完美的成果物"上逐步进行完善。迭代式开发的优点是：降低风险，得到早期用户反馈，持续的测试和集成，使用变更，提高复用性。

螺旋式开发，很大程度上是一种风险驱动的方法体系，因为在每个阶段之前及经常发生的循环之前，都必须首先进行风险评估。

敏捷开发，相比迭代式开发两者都强调在较短的开发周期提交软件，但是，敏捷开发的周期可能更短，并且更加强调队伍中的高度协作。敏捷方法有时候被误认为是无计划性和纪律性的方法，实际上更确切的说法是敏捷方法强调适应性而非预见性。

RPA 政务机器人采用的是敏捷开发方式，没有太多固定的标准，是根据需求，快速响应，迅速开发，周期短，见效快。

传统的开发周期长，投入大，专业技术要求高，环节多，功能全面且不易更改，跨平台，跨系统的改造、扩充接口差，信息共享不便。

RPA 政务机器人的开发，投入小，专业技术要求不太高，功能针对性强，灵活轻巧，跨平台、跨系统整合性好，信息共享协同方便。相对于传统开发方式，机器人开发投入产出比较高，能够快速响应客户的需求。

3. 开发管理

传统的软件开发管理，需要业务人员，技术人员相互配合，需要有专业的团队运维，离不开专业人，一般采用瀑布开发模式。

政务机器人的开发管理，不必太多关注技术，所见即所得，可以委托机器人自动运维，人干预少，一般是敏捷式方法或迭代式方法。

六、常见政务机器人产品介绍

随着每个机器人的实现，RPA 被看作是一种逐步实现数字化转型快捷的工作方式，RPA 机器人过程自动化成为当前的一个热点。事实上，RPA 机器人并无政务或商务机器人之划分。目前市场上主流的企业级的 RPA 开发系统平台，国外的有 UIPath、Automation Anywhere、Blue Prism、WorkFusion 等，国内的有 UIbot、弘玑 Cyclone、云扩科技、达观数据等，这些工具各有千秋，有的操作便捷，提供直观的流程开发，有的提供强有力的角色管理，方便监控自动化的执行，有的特别擅长 ERP、BPO 的自动化，有的更侧重于安全性、稳定性，用户可以根据实际情况选择能够满足自己的 RPA 平台。

1. UIPath

UIPath 是这一领域的顶尖公司之一，被 Gartner 和 Forrester 列为领导者。UiPath 由 studio（开发工具）、Orchestrator（自动化云平台和监控平台）和 robot（运行已开发的机器人服务）三个组件组成。UIPath studio 提供一个环境，在该环境下业务分析人员或 RPA 开发人员可以使用拖放用户界面构建流程。第二个组件是由使用 studio 的开发人员创建的机器人。第三部分是协调器，它是一个中央控制台，向管理人员提供所有机器人操作的视图。UIPath 既可以在本地使用，也可以在云中使用。该公司提供了一项认证计划，以便让员工跟上平台的发展速度。与 RPA 类别中的许多公司一样，UIPath 为任何想要进行测试的人提供了一个试用选项。UIPath 声称拥有约 4000 名客户，其中包括《财富》（*Fortune*）前十名企业中的 8 家。UIPath 最初成立于罗马尼亚的布加勒斯特，现在其全球总部位于纽约运营，它在 200 个国家开展业务，拥有 2700 多名员工。

2. Automation Anywhere

总部位于美国加利福尼亚州圣何塞的 Automation Anywhere 也是一家 RPA 企业。Automation Anywhere 基于 CLIENT-SERVER 架构（control room 和客户端），客户端主要是 Bot Creator 和 Bot Runner。主要构成如下。

WEBCR：是 control room，用于管理用户、进程及其执行顺序的库。

Bot Creator：开发机器人（Bots）。

Bot Runner：部署，执行，管理开发好的机器人。

该公司声称有 2800 多名客户和 1600 多个企业品牌使用其支持的人工智能平台，其主要市场是银行和资本市场、高科技和电信、医疗和制药。Automation Anywhere 有超过 1200 名员工。与许多其他 RPA 供应商一样，它提供了一个免费的有限版本的技术，使组织能够在提交之前尝试该技术。

3. Blue Prism

Blue Prism Group 是一家英国跨国软件公司，由金融垂直领域的几位 IT 专业人士于 2001 年创建，他们开创并制造企业机器人过程自动化软件，将 RPA 技术能力推向世界。2003 年 Blue Prism 推出了第一款商业产品 Automate。2005 年，Automate 的第 2 版发布了大规模处理功能。该公司在伦敦证券交易所 AIM 市场上市，是为数不多的几家上市 RPA 公司之一，其 2018 年的营收超过 2500 万英镑，增长了一倍多。

Blue Prism 基于 Microsoft .NET Framework 构建。它可以自动化任何应用程序并支持任何平台（大型机、Windows、WPF、Java、Web 等）以各种方式呈现（终端模拟器、胖客户端、瘦客户端、Web 浏览器、Citrix 和 Web 服务）。它专为具有物理和逻辑访问控制的多环境部署模型（开发、测试、登台和生产）而设计。Blue Prism RPA 软件包括集中式发布管理界面和流程变更分发模型，可提供高水平的可见性和控制。通过集中模型为业务提供额外控制，以进行流程开发和重用。Blue Prism 记录每个系统登录、管理操作的变化，以及机器人采取的决策和行动，以识别统计数据和实时操作分析。该软件支持监管环境，拥有大量控制措施，以提供必要的安全和治理。所有流程编码都在后端自动执行，甚至允许非技术用户通过将组件拖入界面来自动化流程。Blue Prism 仅支持"后台"无人值守机器人，不提供有人值守的"前台"机器人。Blue Prism Connected-RPA 是一个内置人工智能和认知功能的自动化平台。它包括数字交换、在线访问拖放 AI，机器学习、认知和颠覆性技术等功能；基于 Web 工具，可缩短准备 RPA 部署的时间，以及一个分享知识和最佳实践的在线社区。数字交换使客户和合作伙伴能够创建和共享可与 Blue Prism 软件一起使用的工具。为了鼓励创新，Blue Prism 拥有一个 AI 引擎，用于构建来自亚马逊、谷歌、IBM 和其他 AI 平台的高级 AI 工具的连接器。Blue Prism 已被部署在许多行业，包括银行、金融和保险、消费品包装、法律服务、公共部门、专业服务、医疗保健和公用事业。2018 年英国水务公司从 Blue Prism 购买机器人，以便使用 RPA 简化流程并提高效率。机器人监控供水网络上的信号和警报，并自动通知工程师任何问题。Blue Prism 具有短时间内快速落地、健壮和功能丰富的分析套件、零代码开发、构建高效和自动化的端到端业务流程、提供实时反馈等特点。

4. WorkFusion

WorkFusion 成立于 2010 年，总部位于美国纽约。WorkFusion 是一家为企业进行人工智能研发的科技公司，该公司研发的软件可以通过模仿代替人类的劳力工作并且通过运算使工作更加高效地完成。WorkFusion 平台将自动化机器生产与机器学习相结合，通过将 AI、机器学习、融合到 RPA 当中，实现业务流程的自动化，可以帮助用户增加业务的灵活性和生产的自动化。该公司的免费版本 RPA Express 允许用户下载并试用这项技术。2019 年 WorkFusion 还推出了 RPA Express Pro，旨在使 RPA Express 客户能够升级到企业级技术。

RPA Express 的一些功能亮点如下：

（1）包含企业构建，部署和监控机器人过程自动化所需的一切。

（2）是一个包含基于服务器和基于桌面的组件的平台，但如果需要，它可以从桌面完全运行。

（3）提供内置的业务流程管理和拖放配置，预建机器人库，包括管理和分配手动任务的能力，内置 OCR（带自己的许可证）和录像机机器人。

（4）提供用户或角色管理，因此具有可视性，访问和控制可根据需要在各个团队之间进行隔离。

（5）任何数量的机器人都可以随时部署和运行。

（6）提供用于监控自动化的功能和技术控制塔。功能控制塔显示 RPA Express 中配置的所有进程中所有机器人活动的进度和状态。技术控制塔监视所有连接节点的技术性能，包括 bot 数量和利用率。

WorkFusion 的服务行业包括金融、保险、医疗保健、消费品、公用事业、电信、零售等领域。

5. 来也

北京来也网络科技有限公司成立于 2015 年，总部位于北京市，由常春藤盟校（Ivy League）归国博士和 MBA 团队发起，致力于建设人机共生时代具备全球影响力的智能机器人公司。其核心技术涵盖深度学习、强化学习、自然语言处理（NLP）、个性化推荐和多轮多模交互等。该公司已获得数十项专利和国家高新技术企业认证。其产品"UiBot"和"吾来"，拥有业内领先的低代码可视化开发平台，无需编程经验，非 IT 技术人员也可快速上手。作为国内 RPA 领航者，UiBot 团队拥有近 20 年 UI 自动化技术积累，为企业和个人提供专业、全面、安全、可靠的机器人流程自动化解决方案。

机器人流程自动化平台"UiBot"支持客户二次开发，能与现有业务系统无缝对接。提供免费社区版，适用多种自动化场景。由 UiBot 平台搭建的 RPA 机器人，可模拟人在计算机上的操作，按照一定的规则自动执行任务，如处理邮件和文档，大批量生成文件和报告，进入 CRM 系统执行特定任务等，可通过用户使用界面，智能理解企业已有应用，将基于规则的常规操作自动化，能够大幅降低人力成本的投入，有效提高现有办公效率，准确、稳定、快捷地完成工作。UiBot 团队还在 AI 方面具有深厚的技术积累，推出了一系列 RPA+AI 的解决方案，从流程自动化到认知自动化，进一步扩大了 RPA 的适用范围（见图 4.22）。

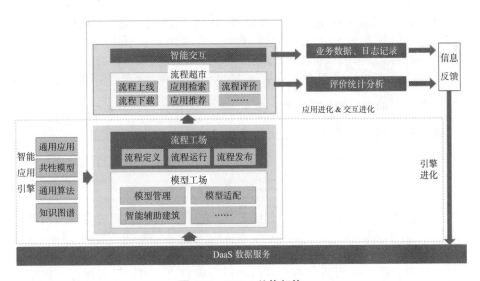

图 4.22　UiBot 总体架构

UiBot 产品主要包含创造者、劳动者、指挥官三大模块，为机器人的生产、执行、管理提供相应的工具和平台。

（1）创造者（Creator）：是机器人开发工具，用于构建流程自动化机器人。

（2）劳动者（Worker）：是机器人运行工具，用于运行构建好的机器人。

（3）指挥官（Commander）：是控制中心，用于部署与管理多个机器人。

UiBot 的主要功能如下。

（1）机器人开发平台创造者（Creator）。

①提供标准的 IDE（集成开发环境），支持一键安装，支持全中文操作界面。

②支持 Windows7、Windows10 及以上版本，支持 WindowsServer 以上版本。支持主流办公软件，如 Office、WPS 等。

③兼容主流数据库和国产数据库。兼容主流浏览器 IE、Chrome、Firefox 等。

④支持数据批量抓取，涵盖浏览器、Java、SAP、桌面等应用，支持对 API 和 WebService 的调用。

⑤支持丰富的拾取能力，包括图片、区域、Java 元素、SAP 元素、CSS 元素、各类界面中的细粒度元素，如页面中的表格行、列元素。

⑥通过配置和拖拽组件实现流程开发、无需过多编码即可完成流程开发。

⑦提供丰富的计算机视觉和 OCR 能力，支持各种常见证件、执照、验证码等的识别。

⑧支持不少于三种视图，且包含源代码视图。代码和图形化视图两者之间可以实时互相转换，并且行级对应。

⑨支持流程手动设置保存点和自动设置保存点，可以针对保存点比较流程之间的差异。

⑩支持执行回调事件，流程执行完成之后能主动调用预设置的代码判断。

⑪支持单步、多步和中间启动流程执行、调试能力。

⑫支持广泛的语言扩展能力，如支持 .Net、Lua、C、C++、Java 程序扩展设计器能力。

（2）机器人运行平台劳动者（Worker）。

①支持详尽的任务执行过程记录，包括日志、录屏等。

②支持虚拟机和物理机部署模式。

③支持多种授权模式，如绑定机器、浮动授权，能应用于更广泛的场合。

④执行器不依赖控制器的情况下，可自行设置流程编组与定时任务。

⑤无论本地还是连接控制器情况下均能锁屏运行，锁屏运行情况下依然有完整的日志与录屏。

⑥支持机器人运行安全控制，如本地运行的机器人可独立配置任务的触发、调度。支持定期、多任务定时执行等调度策略。

（3）机器人管理控制台指挥官（Commander）。

①组织管理：包括组织机构管理、用户管理、角色管理等，并支持对机构、用户、角色做到权限控制和隔离。支持设置权限范围内的参数、用户凭据和队列，并通过设置环境进行隔离管理功能。

②机器人总览：支持从不同维度查看业务统计数据、明细数据以及机器人运行情况监控等。

③应用管理：支持机器人应用的发布和查看、维护功能。

④机器人客户端管理：支持多机器人流程推送和更新，机器人客户端信息编辑、删除、查看等。支持自动选择闲置机器人进行任务派发，支持远程控制机器人启动、停止。

⑤任务计划管理：支持机器人任务计划的制订（支持多时间维度），任务计划权限控制、任务计划执行状态查看等功能。

⑥开放 API 接口供第三方调用，功能包括启动指定流程到 Worker 上运行，获取任务状态与运行结果。获取参数，设置参数。

中文语言界面操作支持能力，包括各项监控指标的显示、控制菜单的显示、输出报表等内容。

UiBot 的主要特色如下。

（1）自主可控：在软件自动化方面积累了 18 年的经验，自主研发的核心技术已形成专利。

（2）全面适应：Windows、Linux、Mobile 全系列兼容，支持兼容钉钉和微信电脑客户端。

（3）便于扩展：提供多种编程语言的扩展接口，已形成插件或机器人的多级开发者生态圈。

（4）易学易用：可视化中文编程，学习难度极低；可视化与源码视图可以随时互相切换。

6. 弘玑 Cyclone

弘玑 Cyclone 成立于 2015 年，总部位于上海，是一家基于"数字员工"产品推出行业解决方案的公司，主要业务是开发、销售具有自主版权和知识产权的 RPA 机器人流程自动化产品——"数字员工"，并为行业用户提供行业集成解决方案，应用在金融、保险、零售、医疗、科技等领域。

弘玑 Cyclone 的"数字员工"是基于人工智能技术，将情景记忆、自然语言应答、情绪识别等与智能流程操作相结合的综合应用。"数字员工"具备一定的逻辑判断能力，如条件、判断、比较等，因此完全可以模拟人类在工作中的行为，用于操作应用系统、读取数据、收入信息、制作报表等重复的规则性的工作流程，并且可以自由部署配置，能够按照设定要求进行各行业多场景的自动化流程操作。

"数字员工"具有的主要功能如下。

（1）非侵入式全流程可视化配置：全流程可配置，不编程实现流程自动化非嵌入式。无需改造业务系统，RPA不需要与任何企业原有系统打通接口，部署灵活。全流程留痕，帮助用户进行数据审计，保障用户安全。

（2）无人值守：支持 7×24 小时运行，得知目标系统异常后，自主处理，实时日志分析，发现数据异常。

（3）无差别运行：支持 CS 和 BS 应用、无差别流程设计环境和运行环境，支持流程设计结果无差别部署。

（4）数字员工门户：支持浏览器方式操作和监控数字员工运行，支持 API 二次开发，支持全业务数据审计。

7. 云扩科技

云扩科技成立于 2017 年，总部位于上海，是一家智能 RPA 科技企业，以自主研制的天匠智能 RPA 平台为核心，致力于为金融、能源、电信、制造等各个行业提供智能的流程自动化解决方案，通过 RPA 赋能传统行业，提高运营效率，加快数字化变革。

云扩 RPA 编辑器采用直观高效的图形化界面，通过简单的拖拽即可设计复杂的流程，学习成本低。设计好的流程以流程图形式呈现，所有步骤一目了然，易于企业内部沟通和维护。编辑器内置数百个自动化和人工智能组件，与其他软件深度集成，开箱即用，无需额外编程（见图 4.23）。

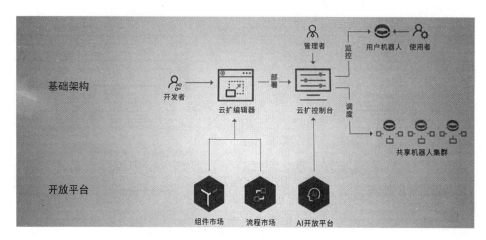

图 4.23　云扩 RPA 平台架构

8. 达观数据

达观数据公司成立于 2015 年，总部位于上海。达观数据专注于自然语言处理和深度学习技术研发应用，擅长文本智能处理，利用文字语义自动分析技术，提供文本自动抽取、审核、纠错、搜索、推荐、写作等智能软件系统，让计算机代替人工完成业务流程自动化，提高企业效率，主要产品有文本挖掘引擎、文档智能审阅、智能推荐与垂直搜索等。达观数据是国内唯一一家将智能语义分析同时应用于搜索引擎和推荐引擎搭建的人工智能公司。目前达观智能 RPA 已推出银行、财税、政务、保险、证券基金等数十种不同岗位的机器人员工。在售后工单处理、商业案例报告生成、供应商准入核实、智慧政务行政审批、金融文档的抽取验查和填写等场景中，机器人员工已经在稳定高效地开展各项工作。

达观技术团队由来自腾讯、百度、阿里、盛大的数据技术部门和复旦大学、上海交通大学、同济大学等高校的科研精英组成，在文本挖掘、搜索引擎、个性化推荐系统方面已拥有 20 余项国家发明专利。达观数据已经为华

为 、招商银行、中兴等大型企业提供了知识管理和个性化推荐服务，还为数百家媒体、金融、电商、视频、文学等互联网企业提供垂直搜索引擎和个性化推荐技术。

七、政务机器人的局限性

（一）政务机器人的收益

自问世以来，政务机器人得到了业界的广泛推崇和应用，这不但是理念层面创新的趋同，更是源于实践的收益，相较于传统人工的工作模式和信息系统服务的方式，政务机器人具备众多优势，为政府工作效率的提升，服务方式的改进都带来收益。

1. 效率提升

传统人工操作模式是在有限的工作时间里进行的，而且手工操作的速度较低，受人为因素影响大。政务机器人可以全天候工作，而且工作容忍度高，峰值处理能力强，整体操作过程都是根据固定规则执行，不受人为因素干预。RPA 系统可以提升工作效率最高达到人力的 5 倍以上，并可 7×24 小时连续不间断工作。除此以外，在信息系统升级的过程中，人工操作需要花费时间消除旧习惯去适应新的系统，但政务机器人作为虚拟劳动力只需要重新修改程序即可，减少了系统升级过程中的消耗成本。政务机器人完成工作的速度明显快于人类。根据机器人流程自动化学会（ the Institute Robotic Process Automation）数据，机器人昼夜不停地工作，通常可以承担 2~5 人的工作量。

2. 质量保障

首先，传统的工作模式下，人工操作容易导致较高的出错率，而政务机器人操作的正确率接近 100%，可以极大地保障政府工作质量。其次，政务机器人的运作是基于规则化的流程和任务，这在一定程度上消除了输出不一致性。明确的规则也使操作无差别机器化，避免了人为主观因素。除此以外，自动化处理的每一步操作都具有可追溯性，这使得系统错误可以被精准地发现，一旦出现问题，将更容易被解决。

3. 成本节约

全职的员工一天工作 8 小时，但是一个机器人可以全天 24 小时无休工作，所以说"一个机器人相当于三个全职员工"。传统政务服务模式下，大量简单重复的工作往往需要投入较高的人力资源去处理，人员占用需要付出薪酬、福利、津贴等成本，而政务机器人上线后，政府部门将大幅度减少此类人力成本的投入。根据机器人流程自动化学会数据，RPA 可以节约成本 25%~50%。创建和维护机器人的平均成本仅为承担相同工作的全职员工的 1/3。

4. 价值增值

传统政务工作模式下，政府服务部门会投入一半以上的精力在基础工作中，但是过多的人员处理基础性、重复性工作，无法思考政务服务创新等新的工作模式，政务服务机器人的应用能够改变传统政府部门的人员结构，释放大量的基础性人员转型去做高附加值的政务工作，政府人员的积极性能得到有效调动，实现政务服务方式创新，工作价值增值。

5. 数据可得

在政务机器人运行过程中，能够对每一个机器行为对应标签和元数据，政府能够根据对应标签和元数据随时调取原始数据，从而根据这些原始数据更好地筹划工作安排，乃至预测部门未来的发展方向。

6. 安全可控

政务机器人按照固定的规则执行脚本，不侵入原有的信息系统，政务机器人的一切操作可通过日志和录屏等方式，做到全程可追溯，能够通过控制器进行追踪，工作路径够随时调阅，业务故障能够及时发现，政务机器人的运行始终处于安全可控的状态，能够保障信息系统和数据的安全。此外，政务机器人自动执行业务流程，减少了人工干预的因素，在一定程度上降低了人为操纵的风险。

7. 响应及时

虽然政务机器人是根据固定的脚本执行规则，但是工作量和工作时间可以无限延长，随需而变，及时响应业务需求。当业务数量级发生变化时，只需要进行简单的机器人配置操作即可增加或减少政务机器人的部署数量。此外，政务机器人的工作收缩能力强，扩展灵活，RPA 适用于在不同地点的不同终端上，并且可以跨越多个系统操作，流程配置便捷，可根据需要随意变更或扩展流程，可以随时加速、减速以匹配业务量峰值和谷值的需求，响应不同的业务变化速度，使业务响应更加及时。

（二）政务机器人的局限性

应用政务机器人为政府部门带来了众多收益，其应用场景和实施得以不断拓展，但是，政府部门也必须正视政务机器人存在的局限性，从全局的角度考虑政务机器人的科学部署问题。

1. 无法处理异常事件

由于政务机器人是基于固定规则进行操作的，当业务场景发生较大变化或突然事件时，政务机器人无法判断与规则不符的情况，无法处理异常事件，这就需要配备专门的人员监督政务机器人运行的过程，避免出现政务机器人无法处理的异常事件。出现异常事件，就需要人工操作进行干预，这在一定程度上限制了政务机器人的应用。

2. 运营保障要求高

虽然政务机器人不改变原有信息系统，但是其有效运营对系统平台的稳定性有一定要求。当其他业务系统升级或切换系统平台时，政务机器人可能无法正常运作或迅速恢复运作，需要投入一定的时间成本和开发成本，重新进行政务机器人的部署和优化。同时，政务机器人日常运营的维护，需要政务人员对计算机知识有一定了解，这对人员素质提出了更高的要求。

3. 需要跟踪优化机制

流程固定、规则明确的流程特点，为政务机器人的应用提供了可能性。但政府工作的流程不是一成不变的，当进行业务流程优化时，就要对政务机器人进行重新部署和设计。为了保障政务机器人正常、有序地运行，快速、高质量地响应业务需求变化，需要针对政务机器人设计完整、详细的跟踪优化机制。

目前，市场上政务机器人产品各有特点，不同厂商的部署方案存在较大差异，各部门在推广政务机器人时缺乏整体规划，临时方案较多，政务机器人没有得到有效的统筹部署。政府必须清楚地认识到政务机器人的局限性，结合政务机器人的功能及适用的业务特点，进行科学部署，从而保障最大限度发挥政务机器人的效用，实现应用政务机器人的最大收益。

同时，需要强调的是，政务机器人的出现是对人工操作场景和基于多系统跨平台服务有效补充。如果政府能够接受系统改造投资成本，那么重新开发或升级系统能够更加高效地匹配政府管理需求，以更加自动化的方式提高政务工作效率和质量。

八、政务机器人对组织结构和政务人员的影响

自动化技术改善了流程，提高了工作效率，代替人工执行了大量基础重复的任务，推动政务服务、行政监管、部门协同、政务办公向数字化、自动化和智能化发展。

政务机器人在政务部门内部、政府部门之间、政府部门外部的大规模应用，对政府部门的工作理念、工作部门设置及职能、工作人员都产生了极大的影响。技术能否取代人类？各方的探讨与实践也给出了答案：仅具备简单重复性、基础性职能的部门将面临重组的风险，仅从事基础性、重复性劳动的工作人员处境堪忧，而复合型人才将在政府部门中发挥重要的价值。因此，

政府部门及人员必须完成自身的转型与再造，才能更好地帮助政府服务社会公众，开展行政管理和决策支持。

（一）推动工作理念变革

工作理念变革的重要性并不亚于技术变革，但工作理念变革在一场变革中的重要性往往容易被忽视。工作理念变革既是技术变革的产物，也是推动技术变革的基础。政务机器人的运用，改变了原有的政务服务，政府监管、部门协同甚至政府部门内部的工作方式，促使政府工作人员采取新的工作理念来设计流程、开展工作。

1. 弱化工作时间限制

政务机器人能够全年全天候实时提供服务，提高政务服务工作时效性。例如，对于固定内容的审批业务，不再受到工作日的约束，政务机器人可以取代人工开展 7×24 小时审批工作，极大地解放人力资源。

2. 弱化地理空间限制

政务机器人非接触式的工作模式能够灵活扩大或缩小服务范围，无须人员面对面沟通，便可获取到所需的信息，打破了地理空间的限制。例如，自动应答机器人解决政策咨询、投诉举报等问题。

3. 减轻对纸质凭证的依赖

政务机器人可以跨越系统完成数据和文件的检索、迁移、运输等工作，减少了线下流程，消除了基于纸面的信息传递，减轻对纸质凭证的依赖。

4.减少人工操作

政务机器人在大量的基础任务中，代替了人力劳动，实现了流程节点的业务处理自动化。随着人工操作的弱化，政务服务的自助式服务或将成为常态，社会公众对便捷、及时的政务服务提出了更高的要求。

（二）推动组织架构变革

政务机器人的应用会带来组织结构的变化。政务部门中，业务部门、信息部门的比例及职能将会有新的调整，业务部门承担单一、重复性工作的部门才会被撤销，部分职能将划入信息化部门中。信息化部门的职能也将有调整，将会新增加机器人管理团队（即机器人流程处理团队和例外业务处理团队）。

1.机器人流程处理团队

机器人处理规则明确的基础政务业务，而没有明确规则的、必须由人工判断的业务，即为例外事项，转由业务团队处理。政府部门的信息化部门可以建立一支机器人流程团队，对机器人的管理和日常运维负责，团队的负责人通常是政务机器人主管。

2.例外业务处理团队

例外业务处理团队辅助和拓展政务机器人的工作，主要处理例外事项，对机器人出具的报告进行解释和说明，审核和检查机器人的工作。

（三）推动人员的变革

政务机器人能够自动、快速、精确、连续地处理政务工作，帮助政府工作人员释放从事常规性工作的精力，去从事更需沟通能力和创新能力的工作。政务机器人会促使基础政务人员的比重进一步减少，即使是仍然从事基础性工作，由于原先人工处理的业务交由政务机器人处理，政务人员的工作内容也变得更有挑战性。他们不再从事基于规则的重复判断，而是投入更多精力在流程优化、业务监控和数据分析上。政务智能化的发展并不意味着弱化人的作用，人才仍是驱动政务转型的关键要素，未来政务变革的核心驱动是技术和人才，两者相辅相成、相互促进，需要既懂业务又懂技术的复合型人才开展工作，同时对人才的素质和技能提出了更高的要求。

1. 精通业务

政府所处的环境正在变得越来越全球化、数字化和充满不确定性，这意味着政府更加需要优秀的业务人员。面对越来越复杂且越来越不可预测的环境，业务人员必须精通相关的法律知识、业务知识，具有专业技术能力，运用专业判断来评价数据和作出决策，才能有效履行岗位职责。

2. 掌握信息技术

随着整个政府工作对应用自动化软件及其他新兴技术的关注度日益提升，信息技术对政府工作产生了日益深刻的影响，成为政府工作创新与转型的重要工具。一定的信息技术也成为政务工作必须具备的能力。如果不了解一定的信息技术，将难以实现政府工作的支撑。因此，政府人员必须了解技术领域的新变化并主动学习，了解技术对政府发展和转型的潜在影响，并不断完善和发展政务信息化应用，利用信息技术更好地发挥政府职能的价值。

3. 洞察业务

政府工作人员需要为政府的高效运转提出可行的建议并推动业务不断改进。政务机器人解放了一部分人员的时间和精力，使其熟悉业务，实现从价值守护者到价值创造者的角色转换，深入价值链各个环节，挖掘有用的信息沉淀成知识，凝聚为智慧，为政府发展和转型提出建议。

4. 具备战略远见

政务人员需要具备战略远见，拥有国际化视野和全局观念。国家发展日新月异，包括 RPA 技术在内的信息技术更新换代的频率越来越快，"不变"意味着落后，只有持续吸收新知识、学习新方法，才能构建持续竞争力。政府人员要关注新的政策、新的服务对象、新的技术等方面。

本章要点

1. RPA 政务机器人具有以下两项重要应用：一是以自动化替代手工操作，辅助政府部门工作人员完成数据量大、重复性高、易于标准化的业务；二是跨部门、跨系统调阅数据、迁移数据，"虚拟"系统集成。

2. 数据是数字政府的命脉，承担数据输入与检索、数据加工与分析、异构系统间数据迁移与同步等任务是 RPA 机器人最基础的功能。

3. RPA 所具有的像人一样操作键盘鼠标但更快更准，自动高效执行规则明确的大量重复任务，基于屏幕抓取异构系统数据（不关心底层数据结构、代码库等），外挂方式不影响原有系统运行的四个重要特性，可以简便易行、快速高效、低成本低风险地解决政务履职中不同部门，不同系统之间交互的这些难题，降低对多个异构系统进行系统改造或 API 开发的难度，大大提升数据流转、信息共享和应用协同、责任同担、业务畅通的效率。

4. 政务机器人通过用户界面或脚本语言与系统交互，对于多个异构系统间的数据流转，使用政务机器人分别登录多个系统自动执行数据的采集、迁移、输入、校验，以及上传、下载和通知等操作，不需要对数据交互需求涉及的多个异构系统进行改造和 API 开发，不会改变原有的信息系统架构。在异构系统间数据接口开放存在困难的情况下，使用政务机器人更是一个有效的解决方案。

5. RPA 政务机器人不适合一个完整业务流程的程序应用开发，而更适合于业务流程中的一些规则明确、大量重复、简单烦琐的程序环节，以及提高现有系统的效率。

第五章　政务机器人的选择与实施

一、政务机器人适合的标准

目前，RPA 技术在政务领域的应用已经相对成熟，对于政府部门来说，为达到成本效益最大化、有的放矢地部署政务机器人，必须要明确政务机器人是否适合自身以及政务机器人可被用于哪些流程。

政务机器人的应用场景需要符合两大要点：大量重复（让 RPA 有必要）、规则明确（让 RPA 有可能）。政务机器人最适合于具有清晰定义和极少例外情况下的重复和确定性过程，即应用于大量既定规则的交易活动，利用特定的软件算法，与多个应用程序交互，自动完成各类管理任务，进而在用户界面（即 UI 层）执行事务流程。

（一）基于标准化规则操作的业务

政务机器人模仿人的行为，通过已有的用户接口来完成重复性流程，实际是按照既定规则的自动化，并非实质性的智能，仅适用于规则明确、标准化程度高的流程。标准化流程往往意味着低附加值流程，如接收票据、审核、出具报表等工作。一些经营活动，如评估和决策，既不是判断，也很难用规则定义，因此政务机器人往往无法胜任。

（二）结构化、数字化的信息

政务机器人仅能对大量结构化、数字化的数据和信息进行识别处理，在输入端，可以结合光学字符识别技术（OCR）、语音识别等认知技术，将外界信息转化为计算机可以处理的信息，再交由机器人进行后续处理。例如，光学字符识别技术可以把纸质的凭证发票、账册、合同的信息扫描到计算机里，并识别为电子逻辑信息，然后交给机器人去记账、出具报表；而语音识别技术可以帮助机器人识别、接收人的语音指令，甚至从人的语音当中识别出数字信息并且进行处理。

（三）大量重复的流程

采用政务机器人处理业务需要投入一定的人力与资金，因此适用的流程必须是投入产出比合理的流程。首先，政务机器人应当被用于大容量数据的计算、核对、验证、审核判断等，这部分流程如果由人工操作，出错率和人力成本将会显著增加。其次，流程应当具备重复性，必须有明确的、可被数字化的触发指令和输入，如每日大量的交易核对和费用单据的审核，流程不得出现无法提前定义的例外情况。

典型的政务共享服务中心常见流程里不少业务处理环节都具备高度的标准化、高度的重复性特点，符合政务机器人的适用标准，因此机器人软件在政务共享服务中心有着广阔的利用空间。

二、政务机器人适合的流程

从 RPA 的工作原理分析，其本质上是模拟人的操作完成一套既定的工作流程，因此政务机器人适合的流程应当符合以下两个特点：

一是规则明确；

二是流程清晰。

从投入产出的效益分析，政务机器人的使用应当是为了解决劳动力不足、高级劳动力浪费的问题，提高工作效率，降低错误率，因此更适合具有以下特点的工作：

（1）工作量大；

（2）机械重复。

从 RPA 自身优势分析，其又擅长处理：

（1）跨系统业务操作；

（2）文件处理；

（3）邮件处理；

（4）数据处理。

结合政府部门的实际业务情况，各部门存在大量规则明确、流程清晰的工作事项，且其中相当一部分业务不但量大而且周期性重复，大量占用人力资源。

政府部门具有许多互相独立的传统 IT 系统，系统之间存在信息壁垒，由于诸多客观因素无法打通，引入 RPA 能够帮助政府以更快的速度、更低的成本实现数字服务的优化组合，提高整体行政效率。

国外政府在政务机器人方面的应用举例如下。

1. 英国税务及海关总署（HM Revenue and Customs，HMRC）

呼叫中心业务实施 RPA 前（痛点）：

① 根据用户咨询记录进行回答，人工需要分别访问 7 个传统系统获取信息。

② 人工处理 1 件业务平均需要约 6 分钟，有时甚至要接多次来电才能解决问题。

实施 RPA 后（效果）：

① 只要输入用户 ID，RPA 机器人即可显示 7 项信息汇总。

② 1 件业务的平均响应时间缩短了 2 分钟，节省了 40% 的成本。

③ 职员减少了搜索业务量，可集中精力了解呼叫内容，更快做出正确回答。

2. 英国就业与养老金部（Department of Work and Pensions，DWP）

新增养老金申请实施 RPA 前（痛点）：

① 人工手动处理大量申请，效率低、不及时，导致申请积压量超过 30000 件，民众满意度低。

② 积压的大量申请需要雇佣数千人，耗费数千小时才能赶上，人力成本和时间成本太高。

实施 RPA 后（效果）：

① 12 个 RPA 机器人，每周处理 2500 件申请，两周内将之前积压的申请全部处理完成。缓解了人手不足，缩减了用工成本，每年可节省数百万英镑。

② 大大提高了效率，缩短了申请处理时间，提升了民众满意度。

3. 英国教育与科学部（Department of Education and Science，DES）

发送电子邮件实施 RPA 前（痛点）：

① 每年有 6 万封电子邮件需要人工手动发送。

② 职员在回复邮件的同时，还需对收到的新邮件进行内容查看、分类，处理时间长。

实施 RPA 后（效果）：

① RPA 可根据邮件的关键词，及时将邮件分派给相应负责人，缩短了回复时间。

② RPA 更易于发现需要即时处理的邮件，不仅提高了效率，也改进了服务。

总体效果：英国政府数字化转型建设体现了以人为本的原则。"人机协作，以提供更好的公共服务"是英国政府实施 RPA 的关键。RPA 将政府职员从烦琐重复的任务中解放出来，以便他们从事更人性化的工作，更好地为民众服务。通过 RPA 自动化无需人为干预的重复性作业，英国政府转变了业务模式，不仅优化了流程，提高了业务处理能力和效率，还改善了民众与政府的关系。

4. 美国国税局的 RPA 机器人

主要处理 3 大类任务：

① 数据验证：纳税申报验证、现金对账、资产审核、发票验证等；

② 数据提取：发票提取、用户数据提取、汇率转换等；

③ 数据录入：用户数据录入、发票数据录入等。

当然政务机器人适合的流程远不止以上的案例，实际上 RPA 适合处理的工作可以分解为以下单元操作项：

（1）登录以及操作第三方系统；

（2）获取数据；

（3）文件读取；

（4）文件操作；

（5）读取邮件、回复邮件；

（6）OCR 识别。

将以上操作项按明确的业务流程任意组合，几乎可以实现大多数政务流程。例如：

（1）检察院按指定规则批量生成法律文书；

（2）公安跨系统自动上报信息；

（3）工会按规则自动处理大量工会会员的入会、转会；

（4）科技创新中心获取第三方系统历年数据等业务流程。

三、政务机器人实施的可行性研究

（一）目前政府办公中普遍存在的问题

1. 大量重复性工作

政府办公中总有一些系统与其他系统没有接口，导致业务流转不能完全实现自动化，体现在无法实现统一登录、数据多点同步应用等。同时数据需要多次在多个系统和岗位进行录入、传输，导致跨系统跨岗位之间的数据手工处理存在较高错误率。

例如："一标三实"是一项重要民生工程，与广大群众的切身利益息息相关。"一标三实"是指标准地址，实有人口、实有房屋、实有单位。"一标"是指街、路、巷、乡镇村组，房屋门牌及楼栋户号的标准地址；"三实"是指标准地址下的"实有人口、实有房屋、实有单位"。其中，标准地址是基础，"三实"信息必须录入在标准地址上。"一标三实"基础信息采集录入工作是推动公安工作信息化建设的重要举措，也是公安工作为创新社会管理提供的新路径之一。"一标三实"工作由公安部门主导，将规范标准地址、人口、房屋、单位的详细情况录入到公安信息系统、民政系统、应急系统中，实现信息共享互通，为施政提供信息支撑。急救中心在接到急救热线后，可以根据病患附近的医院和交通分布情况合理调配急救车辆进行救助。火灾发生时，消防队员能够提前了解火灾发生地的房屋环境和周边的交通状况，合理规划救助方案；政府部门可以通过"一标三实"数据信息分析，合理统筹各个区域的教育、医疗等公共资源，让有限的资源最大化地满足每个市民的需求。在将地址、人口、房屋、单位的详细情况录入信息系统时，公安人员将承担大量重复性工作，而且往往录入会出现错误。

2. 数据录入滞后

数据处理过程中，由于大量的图片、pdf 等非机构化数据需要转换成结构化数据，导致汇总和统计分析依赖人员手工填录，往往滞后并且无法做到实时的信息反馈。

例如，检察院在受理案件时会有大量的纸质证据文件的扫描件、实物证据的图片。拍摄的图片证据、刑事科学示意图等电子证据，需要案卡填录人员通过肉眼识别出案件的元素数据案卡填录。往往案件都是审理完成后进行补录，导致案件周期较长。

3. 错误率高

由于受困于时间和人力，某些工作通过抽样的方式进行，无法达到 100% 的覆盖率。

例如，12345 市民服务热线每天受理群众电话的数量以 10%~20% 的增长率快速增长。政府全年中心工作和重点任务、时事动态及政策变化等情况均能在群众电话中反映出来，热线已成为市民诉求表达和反馈的重要渠道，也成为领导、市级部门直接获取市民心声的重要渠道，这对座席的精细化管理提出了更高的要求，目前对话务的接通率、投诉率等设立考核指标，但是对于考核的考核，目前 12345 采用对座席通话录音抽样的方式进行，这种考核方式不能完全体现座席的真实工作情况。

4. 跨部门系统数据转移难

国家"一网通办"要求切实提高政务服务事项网上办理比例，除法律法规另有规定或涉密的外，原则上各部门政务服务事项均应纳入办事大厅服务平台办理，并按照国家政务服务平台相关标准规范组织实施。根据推进审批服务标准化有关要求，实现政务服务平台标准化建设和互联互通，实现政务服务同一事项、同一标准、同一编码。拓展网上办事广度和深度，延长网上办事链条，实现从网上咨询、网上申报到网上预审、网上办理、网上反馈"应上尽上、全程在线"。推动政务服务向"两微一端"等延伸拓展，为群众提供多样性、多渠道、便利化服务。各个省市按照国务院《政务信息资源共享管理暂行办法》结合本地实际情况制订了相关数据共享方案。

但是依然存在服务大厅综合窗口人员录入代办信息后，委办局工作人员还要继续录入一次信息的情况。目前是"人海战术"和"摊大饼"的发展方式。

北京市密云区政务服务局通过RPA（机器人流程自动化）技术前端自动化录入的方式，解决事项的"二次录入"问题，各委办局、街道、乡镇不再二次录入办事数据。通过RPA技术，将各委办局的数据汇聚到市政务服务局，实现市政务服务局要求的各部门政务数据的汇聚与共享。通过RPA技术创新政务服务，在街道、乡镇设立自助终端，将行政审批材料审核转变为数据核验，由机器人按照审批流程及数据标准自动审批，办事群众可以就近办、马上办，提升办事群众政务服务获得感。

（二）RPA 实施的可能性

RPA技术是政府数字化转型的必经之路，其应用需要一定的前提及准备，RPA流程机器人可实现性的决定因素可归纳为流程规范性、文件数字化程度、环境稳定性、知识充足性、应用模式五个方面。

（1）流程规范性是指RPA技术的有效应用建立在政府内部具备一定标准化、规则化流程的前提下。

（2）文件数字化程度是指机器人对单据文件的处理须建立在文件已经数字化的基础上，RPA技术要求政府内部已基本实现信息化和数字化建设。

（3）环境稳定性是要求RPA软件机器人必须运行在稳定的环境下，减少网络连接速度、页面打开速度、文件打开速度、人为干扰等环境因素对RPA软件机器人运行的影响。同时还应当具备完善的RPA软件机器人异常处理机制，从而使RPA软件机器人保持高速度、高质量的工作状态。

（4）知识充足性是指RPA技术方面相比传统的软件开发管理过程难度有

所降低，但是如果人员及知识储备充足，具备一定的软件编程语言、信息化系统基础，包括熟悉对应 RPA 平台运行的知识储备，会更利于 RPA 战略的后续执行，增加 RPA 实现的可能性。

（5）RPA 的应用模式：RPA 实施的重点在于识别可以被 RPA 软件机器人取代的手工作业环节，在不改变原有业务处理逻辑和业务系统功能基础上开发外挂式的 RPA 软件机器人，代替人工在用户界面上来完成大量重复和规则明确的业务处理。

①对人类操作的模拟：基于手工的操作任务处理。RPA 能够在计算机上记录员工的操作，然后将这些操作处理成计算机可以理解的对象，计算机即可在一定的规则下执行这些操作，如登录企业内部应用、操作基本的文件、处理日常邮件、操作鼠标、操作键盘、填制表格、读取数据等。

基于手工的操作任务处理，按照业务类型主要分为两类：第一类为数据输入等简单固定流程业务，由于 RPA 是按照固定的脚本去执行命令，因此无法通过自我认知学习去执行复杂、变化性强的业务；二类为非结构化的数据收集和分析业务，随着办公需求的扩大，RPA 也要处理诸多非结构化数据，如文本、邮件、网页、声音、影像等。

②对人类判断的模拟：基于规则的判断任务处理。基于规则的判断任务处理主要是指判断、计算、OCR 光学字符识别及处理、爬虫数据处理、分析预测等人类判断模拟。RPA 可以通过 OCR 技术将图片信息转化成文字信息，利用爬虫处理抓取万维网的脚本和程序，从而间接性地完成人类判断模拟动作。

四、政务机器人的实施

政务机器人流程取决于政府各部门的业务需求和信息系统成熟度，政务机器人的实施工作通常包括以下几个步骤：评估与策略咨询、分析与方案设计、POC 验证、开发与部署、上线与运营、维护与支持（见图 5.1）。

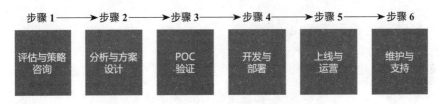

图 5.1　政务机器人实施流程

不同政府部门的业务流程复杂度、人员统筹配合度等有所不同，在政务机器人的实施步骤会有差别，应结合自身业务流程运营现状，确定最优的实施步骤。

（一）评估与策略咨询

政务机器人实施的第一步是确定政务机器人的实施策略，并且对整体实施工作进行评估，它决定了政务机器人的实施能否成功地为政府部门提供有效的解决方案。

RPA 咨询工程师与政府业务人员充分沟通，根据实际业务需求，明确其中适用于 RPA 的应用场景，优先进行自动化方案设计，并帮助用户了解自动化效果预期。以目标需求为导向，对政府各部门业务流程进行梳理，挖掘各流程的业务特性，进而选择适合实施政务机器人的业务流程。适用于 RPA 场景的基本原则如下。

1. 体量和规模要求

政务机器人可替代部分人工，7×24 小时不间断工作，适合处理体量和规模较大的业务。

2. 劳动密度和劳动重复性

流程中需要人工处理的部分占比越大，就意味着流程中劳动重复性越高、差错率越大，这也意味着 RPA 机器人施展的机会越大，如政务各系统间二次录入场景即为典型的劳动重复性高。

3. 数字化程度

政务机器人并非严格意义上的人工智能，机器人对文件的处理须建立在文件已经数字化、流程已经信息化的基础上。因此，数字化、信息化程度越高的政府部门越适合实施政务机器人。

4. 流程是否贯通异构系统

政务机器人可分别登录多个系统自动执行任务，无须对有数据交互需求的多个系统进行改造和开发。因此，在政府异构系统之间对接存在困难的前提下，可考虑使用政务机器人，不会改变各部门原有的信息系统架构。

5. 短期内是否存在系统升级的可能性

对于短期内有系统升级或更换底层架构的部门，政务机器人不适用。

（二）分析与方案设计

针对政务实际业务需求，进行需求调研和分析，梳理出工作流程，制订具体的自动化实施方案。政务机器人的方案设计包括四个步骤：确定方案整体设计、确定现有流程细节逻辑、确定基于 RPA 模式的新业务流程、确定机器人软件配置及开发工作量。

1. 确定方案整体设计

政务机器人实施方案整体设计依据部门实际业务流程而制订，在政务机器人前期流程评估、中期开发测试、后期优化升级的实施过程中起着至关重要的指导作用。

（1）明确实施目标。

应将 RPA 机器人的功能与政府部门的业务流程相结合，从而确定业务部门实施 RPA 的目标，如 RPA 将被用于哪个流程上，解决何种痛点。

（2）明确实施框架。

实施框架即实施的步骤与安排。政务机器人的实施从宏观上可分为三个步骤：首先是前期评估，包括对政府部门业务流程的评估；其次是中期开发测试并上线，包括确定基于 RPA 的新的业务流程、软件配置与开发、RPA 试点上线；最后是后期运营与优化，包括 RPA 的日常维护、运营阶段反馈的优化解决。可依次制定适合政府部门的实施框架，框架应尽可能地详尽。

（3）明确开发规范。

确保 RPA 顺利落地和后期运维的便利性，需要设立一套 RPA 开发规范与标准，从注释、日志、排版、目录、版本、命名等多个维度出发，应用在整个实施进程中，从而提高实施效率和质量。

（4）明确安全机制。

在整个 RPA 的设计和开发环节中，需要考虑参数配置安全、信息存储安全、信息传输安全、网络端口与访问安全、物理环境安全、日志安全、代码安全、账号密码试用和储存的安全等问题，来保证 RPA 实际运行过程中的安全性。

2. 确定现有流程细节逻辑

RPA 机器人是基于计算机编码以及基于规则的软件，是通过执行重复的基于规则的任务来将手动活动进行自动化的一种技术。在确定流程细节逻辑之前首先应明确 RPA 的基础功能，判断现有业务流程中每一步骤是否能运用 RPA 机器人实现替代。

在部署 RPA 的过程中，内部的流程梳理是首要动作。基于政务 RPA 机器人的适用场景，对现有业务流程进行优化再造，需要确定业务流程的每个步骤运用 RPA 进行替换的细节逻辑。

3. 确定基于 RPA 模式的新业务流程

政府部门在确定了业务流程每个环节的 RPA 替换逻辑后，需对业务环节连点成线，确定新的基于 RPA 模式的业务流程。RPA 业务流程无须与人工业务流程环节完全一致，在保证业务流程完整的基础上，可考虑 RPA 自身优势，进行环节的合并或拆分。

4. 确定 RPA 机器人软件配置与开发工作量

（1）软件配置。

确定了基于 RPA 模式的新业务流程之后，需对新流程中的信息系统进行相应的软件配置，并确定软件开发的工作量。

（2）人员配置。

RPA 的实施上线需要政府业务人员、信息主管部门以及 RPA 供应商共同协调完成。实现 RPA 实施过程中人员配置主要包括项目经理、流程合规专家、RPA 咨询工程师、RPA 实施工程师、自动化管理员等。

（三）POC 验证

POC 测试即 Proof of Concept，是针对客户具体应用的验证性测试。基于 RPA 模式的新业务流程确定后，将开展对新流程的 POC 验证性测试。根据政府用户对 RPA 提出的性能要求和扩展需求指标，在指定服务器上进行真实或模拟数据的运行，从真实业务的实践到战略意图的实现，来验证 RPA 实施方案是否能满足政府用户的需求，从而作出更客观、更准确的判断。

POC 测试是政务机器人的实战演练。流程测试阶段，需要制订完备的《POC 测试方案》，以保证基于 RPA 的新业务流程正常工作，业务正常进行。主要工作内容包括：

（1）确定 POC 测试的时间、范围。

（2）与配合部门、其他业务流程的测试分工和沟通机制。

（3）确定 POC 测试人员组成和分工。

（4）测试工作计划和内容。

（四）开发与部署

在政务实际业务场景中，按照已制定的自动化实施方案，进行政务机器人开发、调试和部署。

1. 制定编码规范

良好的编码规范可以提高团队编码的效率，避免很多不必要的问题。

2. 统一代码存储

通过 SVN 等工具对代码进行统一管理和存储，便于版本控制和追溯。所有的代码需要统一存储到服务器上，特别是对于框架和通用代码的管理，需要按照完整的流程进行操作。

3. 配备专用框架

稳定的框架有利于解决开发人员的后顾之忧，开发人员只需要关注在业务本身的开发上即可，不需要把精力投入到搭建和优化框架的事情上。

4. 完善组件库

完善的组件库有利于提高开发效率，缩短开发周期。在开发过程中，既可以做到即插即用，也可以将各个单独的组件包串连成完整的业务流。

5. 重视测试环节

测试是项目上线之前的关键环节，要重视和认真对待。完整、系统的测试有利于验证开发结果，覆盖业务场景和业务规则，规避潜在的功能性的或业务性的风险，保障项目的正常上线。

6. 形成部署规范

完善的部署规范可以避免在进行环境转换时出现低级错误。RPA 项目基本存在三种环境：开发环境、测试环境和正式环境。各个环境中的地址、账号等配置信息可能存在不同，就需要在部署时严格按照部署手册进行相关的操作。

总之，只有遵守开发规则和不断地完善这些规则，才能提高开发效率，缩短开发周期、减少出错概率，促进团队合作和降低维护成本，进而可以在最短的时间内，高质量地完成 RPA 项目。

（五）上线与运营

当政务机器人开始运行，工作人员需要关注和追踪机器人的工作效果，充分使用 RPA 机器人发挥价值，并对收益进行评估。

政务机器人全场景、全流程、全范围上线后，需全面定义业务目标，进行流程自动化的重新评估及部分流程设计，建立完整的部署路线图，完善 RPA 的管理模型，同时培训政府业务人员具备 RPA 的发现、设计、管理及维护能力。

（六）维护与支持

在政务机器人上线后，需持续关注机器人的运行情况，进行系统日常维护，对 RPA 机器人的运行效果评估，针对收集到运营阶段的反馈问题，进行调整和优化，使政务机器人成长性不断增强、性能不断优化；同时继续挖掘其他自动化需求场景，推进政府部门自动化能力的发展和提升。

进行政务机器人软件的日常维护，有助于减少软件运行中的突发性故障，保障政务机器人的正常运行。政务机器人软件的日常维护由政府业务部门、信息主管部门和 RPA 供应商共同完成，记录每次维护时发现的异常，并给出解决方法。

（七）实施过程中须注意事项

1. 不合适部署 RPA 的流程

第一类是非常复杂的流程。针对复杂的流程做 RPA 规划将会产生高额的费用。复杂程度中低等的流程或子流程是 RPA 项目初期的最佳目标，政府部门可在 RPA 成熟之后再着眼于复杂的流程，从价值最高或构架简单的部分开始，逐步增加该流程的自动化程度。

第二类则是经常变化的流程。RPA 不适合被部署到经常变化的系统中去，频繁升级或变更会导致 RPA 项目维护难度直线上升。

2. 流程过度自动化

看待 RPA 的最佳视角是将其当作辅助工具，用来完成基础流程的操作，使人力有更多时间完成其他工作。将一个流程的 70% 低价值部分自动化，30% 高价值部分人为处理是一个良好的初期目标。项目应尝试通过一系列简易的变革，逐步增加流程自动化的比例。

3. 采取传统方法实施 RPA

通常用户采取过于工程化的软件实施方法来部署 RPA，其中包括低价值文档和阶段性划分，使通常只需要几周实施周期的 RPA 项目延长至几个月。

大多数软件实施方法对 RPA 来说都太过于工程化，尤其是 RPA 较少改变现有系统且新流程已存档在 RPA 工具中。用户应依据自身面临的挑战，简化传统实施方法，通过灵活的手段分阶段实施 RPA。

4. POC 过程、资源及经验不足

一个 RPA 常见的陷阱是只需短短一两天的培训，大多数的业务用户就可以自动化一个简单的流程。然而实际上，创建一个可以灵活扩展的 RPA 流程所需要的技能远远不止这些。因此通常情况下，POC 需要经过长期的测试和修改过程后才能实施，甚至是重建。

5. 忽略 IT 系统设施

绝大多数的 RPA 工具，最好是在一个虚拟的桌面环境里，通过适当地扩展和业务持续性设置，进行操作工作。RPA 流程可以很快地实施，但 IT 却不能够在如此短暂的时间内搭建完善的生产设施，并因此成为实施 RPA 的主要绊脚石。

本章要点

1. 政务机器人的应用场景需要符合两大要点：大量重复（让 RPA 有必要）、规则明确（让 RPA 有可能）。

2. RPA 自身优势使其擅长处理：跨系统业务操作、文件处理、邮件处理、数据处理。

3. 政府部门具有许多互相独立的传统 IT 系统，系统之间存在信息壁垒，由于诸多客观因素无法打通，引入 RPA 则能够帮助政府以更快的速度、更低的成本实现数字服务的优化组合，提高整体行政效率。

4. RPA 实施的重点在于识别可以被 RPA 软件机器人取代的手工作业环节，在

　　不改变原有业务处理逻辑和业务系统功能基础上开发外挂式的 RPA 软件机器人，代替人工在用户界面上完成大量重复和规则明确的业务处理。

5. 政务机器人的实施工作通常包括以下步骤：评估与策略咨询、分析与方案设计、POC 验证、开发与部署、上线与运营、维护与支持。

第六章　政务机器人发展趋势和前景展望

　　2017 年是人工智能产业发展的应用元年，各种类型的机器人开始走进我们的生活，其中，政务服务机器人正在成为机器人行业市场的"新宠"。当前的政策环境、技术条件、市场环境都非常有利于政务机器人的发展，并且政务机器人在现实中已经得到了广泛应用。

一、环境影响

（一）政策环境

　　李克强总理在 2019 年 3 月 5 日的政府工作报告上提到了要做大做强新兴产业集群，实施大数据发展行动，加强新一代人工智能研发应用，发展智能产业，拓展智能生活。他还多次提及"互联网+"一词，其中"+"的是"政府服务"。推进"互联网＋政务服务"能够实现在网上办理诸多事项，即使到政务大厅现场办理的也能尽量减少办事流程，甚至在厅里通过机器人等设备进行自助服务。可见，政府部门之间数据共享，打破信息壁垒，得以让居民和企业少跑腿、好办事、不添堵，是未来政务工作的发展趋势。

（二）技术条件

在深度学习算法、计算机视觉、智能语音、人机交互能力、大数据、物联网等技术实现的基础上，机器人"人性化"特征越来越明显，开发出来的政务服务机器人集视觉识别、语音互动、触摸交流、自助服务等各类功能于一体，应用在各个城市的行政服务中心，机器人可以根据各类业务为来访客户提供咨询服务与联动。

信息模块化的设置和输出也是政务服务机器人的一项重要技术保障，在机器人内部能够设置不同政务部门的咨询模块，智能平台和智能部门子信息系统的搭建，让信息数据和服务事项进行交换与联动。让不同政务部门的信息实现整合，打破信息壁垒，才能更好地提供政务服务。

那么，近些年技术条件能达到什么样的水平呢？ 2017 年 12 月 14 日中华人民共和国工业和信息化部发布的《促进新一代人工智能产业发展三年行动计划（2018—2020 年）》指出："支持智能交互、智能操作、多机协作等关键技术研发"，"发展三维成像定位、智能精准安全操控、人机协作接口等关键技术"，"到 2020 年，智能服务机器人环境感知、自然交互、自主学习、人机协作等关键技术取得突破，智能家庭服务机器人、智能公共服务机器人实现批量生产及应用"。

（三）市场环境

当前，服务机器人市场规模高速增长，从全球来看处于比较乐观的状态。根据国际机器人联合会（IFR）的统计，到 2017 年年底，用于专业用途的服务机器人的销售额增长 12%，达到 52 亿美元的新纪录。长期预测也是积极的，预计 2018 年至 2020 年的平均增长率为 20%~25%。就价值而言，2008—2020 年的销售预测显示，专业服务领域的累计销售额约为 270 亿美元。

从国内市场来看，按照政策层的规划，服务机器人批量化的生产和应用将会在 2020 年实现。许多相关产业公司都关注到了服务机器人的广阔空间，国内服务机器人行业竞争的不断加剧，入局的企业越来越多，目前形成了三方阵营。

第一类是工业机器人向服务机器人的转型，与传统服务行业融合，利用成熟的技术和渠道进行推广，如沈阳新松机器人。

第二类是互联网巨头在智能服务产品方面的跨界，如阿里巴巴、京东、百度、腾讯都在参与开发人工智能产品。

第三类则是典型的服务机器人企业，以人工智能技术为基础，在商用服务领域进行深入研究，如智汇未来结合自身发展战略，积极推动人工智能相关业务发展，在政务服务领域抓紧先机，开展科技创新，深度开发服务机器人在政务服务领域的发展方向。

（四）实际应用调查

2020 年，一些城市已经推出一批政务服务机器人上岗，如北京密云和顺义、福建连江、浙江嘉兴、重庆九龙坡。北京密云政务服务大厅的 RPA 机器人解决一窗受理、分流转办中的二次录入；北京顺义区投资服务中心的机器人"顺顺"能够实现咨询、答疑的服务；福建连江县行政服务中心的机器人"洋洋"能提供办事指引、排队取号等服务；浙江嘉兴南湖区行政审批服务中心也有机器人上岗，实现了智能化自助申报；重庆九龙坡区行政服务中心的智能服务机器人则具备迎宾、导引、互动咨询三大功能。

以上示例的这些政务服务机器人都有自己优势和所长，可谓各有千秋，但要是把所有优势集中到一起，岂不是更能方便服务？智汇未来研发的政务服务机器人"小盼"展示了最全面的政务服务一体化解决方案，集功能一体化、信息一体化、宣传一体化、监督一体化，市民在一台机器人前就能完成很多事情，真正起到便民作用。

业内人士表示，预计未来两到三年内，服务机器人会得到大规模爆发，市民对机器人的接受程度也会越来越高。创新服务模式、优化服务标准，是机器人企业发展的必经之路。打造全新的政务服务生态体系，助力国家相关部门加速实现从电子政务向智慧政务的升级，是政务服务机器人的发展趋向，相信未来机器人能够为人类提供更多更好的服务！

二、数字政府发展方向

（一）政务服务多样化

数字政府是当前中国政府建设的重要发展方向。在信息技术的不断发展中，人类已经进入大数据时代，伴随着信息技术的不断发展，数字政府的建设进程也在不断推进，逐渐发展成为以数据建设为中心的建设阶段。

自 2016 年发布《关于加快推进"互联网＋政务服务"工作的指导意见》以来，中央及各地政府加快了数字化步伐，积极通过技术创新来改善政务服务的供给。从简单的信息查询，到节点服务可在线办理，发展到全流程完整服务供给更为全面的转型与改革。一组数据最有说服力，截至 2020 年 3 月，我国在线政务服务用户规模达到 6.94 亿，占总体网民的 76.8%。服务类型包含公安、人力资源和社会保障、公积金、交通、税务等 30 个类别，其中，可直接办理的服务数占到 58.42%。标志着我国各级政府部门在朝着更高水平的数字政府前进。

目前中央及各级政府都建立了政务服务平台，中央各部门和地方部门都接入其中，很多政府的业务都实现了网上办理，政府部门各项业务都将搬到网上，更多的部门都已加入。

（二）政务服务精细化

随着"互联网＋"业务的普及、移动互联网的扩展，越来越的部门将服务更加精准化，更专注更加细微的领域，方便社会公众办理各项业务。

（三）政务服务协同化

大数据时代，信息相互依赖，跨部门的信息共享已成为常态，再加上"0见面""最多跑一次"的要求，政务机器人可以在信息共享方面做出更多的贡献。

（四）不打烊政府

随着移动互联网的发展，政务政务机器人可完成 24 小时不停业务，实现不打烊政府。有了政务机器人，信息共享更加方便，设备投入大大减少，服务模式得到创新。

三、RPA 的发展路线

作为一种新兴的技术，RPA 软件机器人在不断发展进化。

目前的 RPA 流程机器人通过模仿员工在不同系统之间的操作行为，来自动执行规律性工作，其本质是即插即用的外挂式自动化软件工具，只能执行一些重复性的、有规则的工作，不具备超出规则外的分析决策能力。随着深度学习和认知技术的快速发展，下一代 RPA 将逐步具备制定决策的能力，从而远远超出现有的基于规则的自动化，从根本上提高效率。

对于 RPA 的技术发展路线，各个 RPA 软件产品提供商各有策略，其中，一份关于 RPA 变革的报告，对于其 RPA 框架定义和未来发展方向进行了阶段性划分（见图 6.1）。

RPA 1.0（Assisted RPA，辅助性 RPA），涵盖了现有的全部的桌面自动化软件操作，用以提高工作效率，部署在员工 PC 机上，缺点是不支持端到端的自动化和难以成规模应用。

RPA 2.0（Unassisted RPA，强辅助性 RPA），涵盖了目前机器人流程自动化的主要功能，实现端到端的自动化和成规模的虚拟劳动力，具有工作协调、机器人管理、机器人性能分析等功能，部署在虚拟机上，缺点是需要人工控制和管理 RPA 软件机器人的工作。从 2.0 开始，RPA 才可以被称作是一个软件机器人，具有了代替人的可能。

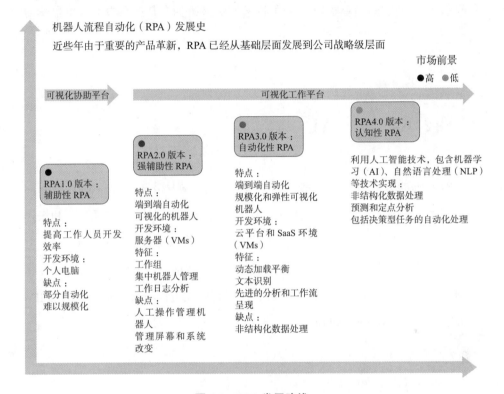

机器人流程自动化（RPA）发展史
近些年由于重要的产品革新，RPA 已经从基础层面发展到公司战略级层面

市场前景
●高 ●低

可视化协助平台 可视化工作平台

RPA4.0 版本：
认知性 RPA

利用人工智能技术，包含机器学习（AI）、自然语言处理（NLP）等技术实现：
非结构化数据处理
预测和定点分析
包括决策型任务的自动化处理

RPA3.0 版本：
自动化性 RPA

特点：
端到端自动化
规模化和弹性可视化机器人
开发环境：
云平台和 SaaS 环境（VMs）
特征：
动态加载平衡
文本识别
先进的分析和工作流呈现
缺点：
非结构化数据处理

RPA2.0 版本：
强辅助性 RPA

特点：
端到端自动化
可视化的机器人
开发环境：
服务器（VMs）
特征：
工作组
集中机器人管理
工作日志分析
缺点：
人工操作管理机器人
管理屏幕和系统改变

RPA1.0 版本：
辅助性 RPA

特点：
提高工作人员开发效率
开发环境：
个人电脑
缺点：
部分自动化
难以规模化

图 6.1 RPA 发展路线

RPA 3.0（Autonomous RPA，自动化性 RPA），涵盖了目前机器人流程自动化最期望的主要功能要求，实现了端到端的自动化和成规模多功能虚拟化劳动力，具有弹性伸缩、动态负载均衡、情景感知、高级分析和工作流等功能，部署在云服务器（虚拟机）上，缺点是无法处理非结构化数据。

RPA 4.0（认知性 RPA），涵盖了未来机器人流程自动化（下一代 RPA 软件机器人）需要涵盖的功能要求，使用人工智能 AI 和机器学习等技术，实现处理非结构化数据、预测规范分析和自动任务接受处理等功能。

目前大多数的 RPA 软件产品都集中在 RPA 2.0 和 RPA 3.0 之间，需要提高 RPA 流程自动化程度来完善 RPA 软件产品，解决 RPA2.0 和 RPA3.0 的所有问题，同时要积极探索 4.0（AI）技术的引入，如在其产品中引入机器学习的概念。

四、RPA + AI

RPA 机器人流程自动化技术在短短几年内发展极其迅速，政务业务对 RPA 技术的需求在迅猛增长。当前，中国数字经济正在经历高速增长和快速创新的阶段，RPA 技术顺应时代发展潮流，可助推政务数字化转型发展。

RPA 是基于规则的自动化处理，随着人工智能 AI 技术的发展，RPA 将会结合机器学习和深度学习，产生洞察，向智能化方向发展，就是所谓的 IPA（intelligent process automation）。

（一）IPA 的引入

RPA 机器人流程自动化和人工智能在过去一直被视作相互独立的两个领域，实际上这两者是高度互补的。按照麦肯锡的定义，下一代流程增强的工具便是 IPA，是在目前的 RPA 基础上结合了机器学习等 AI 技术。如果将 RPA 比作一个人的四肢，可以做机械性的动作，那么 AI 则可以赋予它听觉、视觉和表达等能力。

RPA 是针对重复性劳动的，也就是说 RPA 对于流程化的、固化的规则有比较强的依赖性，对于一些具有创造性或比较灵活的场景，RPA 就不再适用。

人工智能 AI 技术由于其特有的学习能力、适应能力以及并行计算能力等优势，能够面对复杂系统问题求解和大规模数据分析建模，从而得出更加可靠和具有预见性的计算结果。政府能够利用 RPA 机器人实现速赢，同时引进人工智能战略以实现长期效益和持续优化。

随着深度学习和认知技术的快速发展，IPA 将逐步具备制定决策的能力，从而远远超出现有的基于规则的自动化，从根本上提高效率，减少操作风险，以期改善响应时间和客户体验。IPA 对服务行业尤为适用，包括银行、保险和电信等服务行业，也包括政务、人力资源和 IT 等企业支持性职能部门。但是，同其他技术一样，IPA 并非万能，但若能系统化地应用于流程及服务组织，则有助于提高产能并产生洞察。要做到这一点，政府需要制定清晰的业务目标，并确定 RPA 和 AI 在整体优化工作中扮演的角色。另外，政府在引进这两项技术时需要制订清晰的变革管理计划，以应对这些技术对组织和运营部门以及员工带来的冲击，避免员工感受到机器人和其他变革性技术的威胁。

（二）IPA 需要具备的五种核心技术

1. 机器人流程自动化

机器人流程自动化，这是 RPA 的基础。目前的 RPA 技术应用已经日趋成熟，该技术的应用可给企业员工配置计算器软件或让"机器人"来捕获现有应用程序处理交易，操纵数据，驱动反应、互动，与其他信息系统进行通信，需要大规模人力执行的大量重复性工作，现在都可以由 RPA 软件机器人代劳，节省人力、金钱和时间。RPA 机器人可以将简单的工作自动化，并为 AI 提供数据支持，这是实现 IPA 的前提和基础。

2. 智能工作流

工作流就是业务流程的计算机化或自动化。采用工作流技术，使用者只需在计算机上填写有关表单，系统会按照定义好的流程自动往下跑，下一级审批者将会收到相关资料，并可以根据需要修改、跟踪、管理、查询、统计、打印等，提高效率，实现知识管理。

而智能工作流（smart workflow），不仅能集成人类和机器组执行的任务，使用户得以实时启动和跟踪端到端过程的状态，还能管理不同组别的切换，包括机器人和人类用户之间的切换，并提供瓶颈之处的统计数据。机器学习或高级分析（machine learning/ advanced analytics）通过"监督"和"无监督"学习来识别结构化数据中的模式（如日常性能数据）的算法。监督算法在开始根据新输入数据做出预测之前，通过输入和输出的结构化数据集来进行学习，而无监督算法会观察结构化数据，并开始提供对已识别模式的洞见。机器学习和高级分析会对企业在提高合规性、降低成本结构及从新的洞见中获得优势的竞争中进行改变。高级分析已在领先的人力资源部门中广泛实施，来确定及评估领导和管理人员的核心品质，以便更好地预测行为，发展职业道路及规划领导权继任。

3. 机器学习或高级分析

机器学习或高级分析即一种通过"监督"或"无监督"学习来识别结构化数据中模式（如日常性能数据）的算法。例如，提高合规性、降低结构成本、从观察中得到竞争优势。

4. 自然语言生成

自然语言生成（natural-language generation，NLG）是一种通过遵循将观察结果从数据转化为文字的规则以在人类与技术之间创建无缝交互的软件引擎。将结构化的性能数据通过管道传输至自然语言引擎中，可以自动编写内部和外部的管理报告。有的大型金融机构已在使用 NLG 来复写每周的管理报告。

5. 认知智能体

认知智能体（cognitive agents）将机器学习和自然语言生成相结合，来构建一个完全虚拟的劳动力，能够执行任务、沟通、从数据集中学习，甚至可以根据情绪检测做出决策。认知智能体可以通过电话或聊天来帮助员工和客户，如可以应用在员工服务中心。认知智能体能像人类一样会理解，能思考，在这方面取得突破具有一定难度。深度神经网络算法的出现以及仿生类脑科学技术的突破，将有可能促进认知领域更大的技术进展。在目前 RPA 机器人的应用基础上，未来 IPA 技术将进一步提升认知学习功能，以期实现更完善的数据感知和汇总、更智慧的数据模型建立和问题求解、更自主的平台服务提供和数据融合、更智能的决策制定和下发，从而推动不同行业的智能化发展，这将是一幅全新的图景。

本章要点

1. 目前的 RPA 流程机器人通过模仿员工在不同系统之间的的操作行为，来自动执行规律性工作，是基于规则的自动化处理，其本质是即插即用的外挂式自动化软件工具，只能执行一些重复性的、有规则的工作，不具备超出规则外的分析决策能力。随着人工智能 AI 技术的发展，RPA 将会结合机器学习和深度学习，产生洞察，向智能化方向发展，就是所谓的 IPA。

2. IPA 需要具备的五种核心技术：机器人流程自动化、智能工作流、自然语言生成、机器学习或高级分析、认知智能体。

第七章　政务机器人案例

案例一：北京密云区政务服务管理局运用RPA技术破解"二次录入"难题，显著提升接办件效率

（一）建设背景

为全面落实《北京市 2020 年政务服务超越行动计划》，推动北京市政务服务"一网通办"从"网上可办、网上深办"向"全程网办、全网通办"超越，《2020 年北京市推进政务服务"一网通办"工作方案》提出的重点任务之一是聚焦人力社保、医保、民政、卫健、残疾人等民生高频事项，真正实现"只进一扇门""一站式办理""只跑一次"。

在大力推进"一网通办"和"一窗制"工作中，在综合窗口和审批部门之间，区级服务大厅与街道、分厅之间，以纸质工单流转为主，"二次录入"是各区县和委办局及综合窗口相关业务人员普遍反映负担重、效率低、协同难的问题。"二次录入"问题不仅仅是就同一事项需在两个系统中录入两次，

它还反映出当前政务服务一体化进程中所存在的问题：

（1）"数据未跑人在跑"，缺乏电子工单及其流转体系，导致业务协同效率低；

（2）大量重复的人工操作，办件效率低，劳动强度高；

（3）大量跨系统重复操作，重复审批次数多。

上述情况，迫切需要强力推进政府的数字化转型，使用智能化手段优化政务服务体系，改变人力密集型发展方式，建立"数据代替人跑"的业务协同机制。

（二）建设目标

该项目重点选取综合窗口接件事项中的高频事项、与营商环境和服务民生高关联性的事项作为部署对象，运用 RPA 生成相关事项的智能工单支撑"无纸化审批"，从而提高政务服务大厅行政审批效能。

1. 综合窗口接件数据全覆盖

以最大化采集事项审批所需数据为目标，尽可能在接件环节完整采集部门审批系统中所需的全部数据字段，增强综合窗口与部门的业务协同性。

2. 综合窗口数字化、智能化采集

综合运用 RPA、OCR、NLP 技术，以人机协同方式实现综合窗口工作人员对办事人提交材料所含信息数据的数字化、智能化高效采集并形成智能工单，在提高"无纸化审批"程度的同时，大幅度降低综合窗口工作人员的手工录入工作占比，提高综合窗口接件效率。

3. 部门实现"数据无纸化流转"

通过 RPA 实现智能工单业务数据字段向部门业务审批系统的自动化、智能化填写，从根本上解决"二次录入"问题。

（三）建设方案

综合运用 RPA、OCR、NLP 三大技术来生成智能工单。其中以应用 RPA 技术为主。用 RPA 模拟人在计算机上的操作，按规则自动执行流程任务。具体来说就是将综合窗口及部门工作人员的单一事项审批过程中在计算机上的操作步骤完整复制，并由 RPA 设置的逻辑、规则进行精准执行（见图 7.1）。

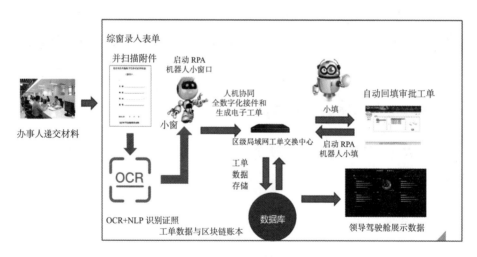

图 7.1 解决方案

各项技术应用具体情况如下。

1.智能工单定制

通过人工调研部门审批系统中各事项所需的信息名目，就每一个审批事项定制出一份完整信息名目的空白智能工单，实现"一事一工单"。在综合窗口接件时，工作人员只需根据办事人的申请事项打开对应智能工单并启动RPA完成填写。

2.综合窗口智能接件

办事人在综合窗口提交自己的纸质文件后，综合窗口人员利用窗口配置的高拍仪扫描办事人提交的各项申请材料，然后启动对应事项的RPA机器人，RPA机器人将打开定制的空白智能工单，RPA机器人中集成的OCR功能可自动识别申请人提交的制式表单及证照的数据字段，然后通过NLP提取表单、证照中的关键词，最后生成填写好的智能工单并保存在本地。基于OCR、NLP识别功能对于制式表单及证照的精准度能达到80%以上，综合窗口工作人员只需对录入智能工单进行简单复核与确认，从而实现"综合窗口数字化、智能化采集"目标。

3.智能工单流转

智能工单的流转通道仅需利用现有的电子政务外网，RPA机器人无须现有系统（综合窗口、委办局）开放端口。

4.部门审批工单智能回填

部门工作人员只需打开综合窗口填写的电子表单，在复核确认无误后，可直接启动对应事项的RPA机器人完成审批系统的自动化、智能化回填，省时省力，减少人工录入的烦琐和错误，提高效率，实现部门"数据无纸化流转"。

（四）应用成效

通过 30 天的事项调研、流程定制、RPA 开发及软件部署，目前已在北京市密云区政务服务局的综合窗口及交通委员会、城市管理委员会、卫生健康委员会、烟草专卖局、北京市规划和自然资源委员会密云区分局、招标采购局 6 个部门的审批计算机上部署安装 RPA 机器人。涉及事项包括城管委 4 项，交通委 2 项，卫健委 6 项，烟草局 3 项，规划和自然资源委员会 2 项，招标采购局 1 项，合计 18 个事项。

1. "无纸化审批"成果初显

对于整个办事流程采用"一单流转"的方式，综合窗口生成智能工单之后，整个流程只需这一张智能工单，在综合窗口通过这张智能工单可以使用 RPA 自动填写到行政审批平台，委办局工作人员可以通过这一张单子使用 RPA 自动填写到部门审批系统。

2. 综合窗口接件数据覆盖全

综合窗口接件时由原本只获取到 6+N 项基础数据，扩展到委办局的录入系统数据 100% 全覆盖，有效解决了因操作系统间的需求数据差异导致的多次、反复数据录入，从接件的一开始就尽最大限度地采集审批所需信息，从而进一步提高综合窗口及委办局之间的业务协同性。

3. 录入时间压缩 90% 以上，破解"二次录入"难题

基于 RPA 实施的人机协同全数字化接件模式，综合窗口人员只需利用前端设备扫描审批附件，RPA 机器人及 OCR、NLP 技术将完成事项审批数据的

读取、填写及流转，其中通过 OCR、NLP 采集的数据精准度达到 80% 以上，大幅减少了综合窗口人员的人工操作；委办局工作人员在使用 RPA 之前，需参对纸质表单录入所需数据，20 个字段需要 5~10 分钟，录入后还需核对数据准确性，而通过 RPA 自动回填审批工单，机器人自动填写 20 个字段时间不超过 30 秒。相对于之前的手工录入，使用 RPA 机器人将手动录入时间花费减少 90%，大幅降低了综合窗口、委办局工作人员录入工作强度，提高了审批流程效率，并从根本上消灭"二次录入"问题。

（五）创新经验与推广价值

该项目通过创新性地运用 RPA 技术显著降低了综合窗口服务人员和部门审批人员的工作强度，并提升执行效率。RPA 机器人部署快、实施成本低、数据复用率高，且不涉及目前业务系统改造，见效快，能够高效、快捷、有效地破解"二次录入"难题。

1. RPA 开发快，不影响日常工作开展

就 30 个业务审批字段以内的审批事项，流程开发、调试、运行时间不会超过 3 小时 / 人 / 个事项，相对于传统动则数月开发软件平台，实际投入使用时间极短，部署工作对日常业务开展影响小。同时，RPA 开发是以审批事项为单位，每开发完成一个事项流程即可在测试之后就能立刻投入使用，每天都有进展，有可见产出。

2. RPA 部署实施快

RPA 机器人软件可以一键安装，每台计算机从添加账号，到安装机器人，

直至最后激活绑定用时不会超过 10 分钟，能高效覆盖各接件窗口。

3. 工作人员上手易

RPA 机器人使用轻快便捷，界面简单，一键操作，综合窗口及委办局工作人员能很容易上手。从下载文档到启动机器人，轻松两步，完成录入界面的操作。

4. RPA 单机软件安全可靠

RPA 机器人部署是通过管理端 Commander 机器人创建账号，生成激活码，然后在部署计算机本地激活，除了跟 Commander 机器人有少量交互，本身不联网，无外通数据，只是个单机工具，没有泄密风险。

5. 信息安全有保障

该方案是利用区级电子政务外网来进行工单数据的共享交换，可在不涉及各部门之间的业务接口的条件下，实现工单数据的流转，信息安全有保障。

6. 强化业务协同，提高审批效率

该方案以委办局审批事项所需前置数据字段为导向，定制人机协同的 RPA 采集方案，一次定制，可重复使用，提高政务数据的可复用率，实现了综合窗口与部门之间的智能化业务协同，进一步提高了业务审批效率。

（六）下一步展望

基于 RPA 实施的人机协同全数字化接件、自动回填审批工单能够有效解决"二次录入"问题，目前虽应用场景只涉及 6 个部门 30 件事项，但非常

具有应用和推广价值，可进一步扩展适用于其他审批部门的高频事项以及与营商环境、服务民生高关联性的事项，能大大降低综合窗口及部门审批人员的手工作业强度，提高综合窗口及部门之间的业务协同性，对实现"一体化"政府建设有积极的实践意义。

通过 RPA 生成智能工单在一定程度上实现"无纸化审批"，有效提高了政务服务大厅行政审批效能。在以智能工单为信息载体的工作场景下，可进一步探索"工单数据本地化""工单进程可查询""工单流转区块链""即办件工单当日办结""承诺件工单逾期预警"等全新智能工单管理模式，进一步提升政务服务一体化数据治理水平。

同时，鉴于 RPA 技术是一种独立于操作系统的外挂式软件，在结合 OCR 及 NLP 技术的基础上，可以成为数据的"精准搬运工"，能帮助区级政务服务管理局与各委办局之间进行高效、精准、安全的数据流转，对区级政务服务管理局的数据治理水平提升有非常积极的作用，有助于区级政务服务管理局充分发挥"一张网"建设职能，且随着政务服务数据的汇集沉淀，最终能为政务服务管理局实施大数据分析平台和应用提供数据保障。

案例二：山西省临汾市尧都区人民法院将 RPA 技术应用于被执行人财产查控，全面提升工作效率，减轻执行法官工作负担

（一）项目概要

目前全国各级人民法院执行局在办理执行案件时，需要通过最高人民法院的总对总财产查控系统，对被执行人的银行存款、工商股权、房屋车辆等

财产进行查询和冻结操作。全国执行局都存在着"案多人少"的困境,一个执行法官每天至少要办理十几件执行案件,需要加班加点才能完成,其中又以财产查询冻结工作量最大,而且很烦琐,需要执行法官一遍一遍地在总对总查控系统中输入被执行人的姓名和身份证号码,查询后的各种财产再一个一个地填入办案系统;然后,在办案系统进行财产冻结决定后,再一个一个地将冻结信息填写到总对总查控系统去执行财产冻结。每一天仅财产查控操作就占据执行法官 60% 的工作量。

山西省临汾市尧都区人民法院执行局引入 UiBotRPA 技术打造数字法官,自动化访问总对总查控系统,并查询被执行人各类财产,自动写入办案系统。项目实施后,执行法官不再需要烦琐地登录总对总查控系统进行财产查询冻结的操作,减轻了执行法官的工作量,同时也极大提升了执行法官办案的工作效率。

(二)项目需求

山西省临汾市尧都区人民法院执行局查控组执行法官需登录最高人民法院建设的总对总查控系统对本法院所有正在办理的执行案件的被执行人进行资产账户的查询和冻结操作。

业务流程(见图 7.2)如下。

图 7.2　业务流程

第一次提起查询和第二次提起查询的区别在于，在查询过程中，第一次提起查询和第二次提起查询的省外银行添加部分，两次提起查询的银行不能重叠。

第一次提起冻结和第二次提起冻结的区别在于，第一次提起冻结在提起冻结过程中需要对所有可冻结账户进行提冻操作（无脑冻），第一次提起冻结只需要冻结未冻结成功的账户。

目前执行局网络查控组有 6 人在进行该项工作，平均每天有约 10 个案件需要提起查询和冻结操作，每个查询操作人工作用时 3~10 分钟，具体时间依据被执行人数量不同而不同，每个冻结操作人工用时 5~20 分钟，同样具体时间依据被执行人数量而不同。

场景痛点：人工登录总对总查控系统进行被执行人的财产查询和冻结的工作量很大，几乎占据了执行法官每天工作量的 60%，而且操作重复且固定，久而久之，效率越来越低且容易操作错误。

（三）解决方案

UiBot 依据执行法官系统操作绘制了如图 7.3 所示 RPA 执行业务流程图。

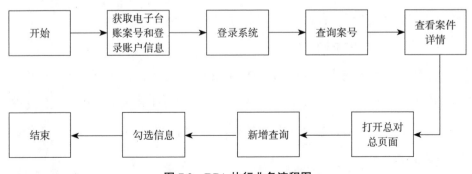

图 7.3 RPA 执行业务流程图

（1）通过 RPA 机器人自动获取电子台账的案号和登录账号信息；

（2）自动登录系统；

（3）查询案件案号；

（4）查看案件详情；

（5）打开总对总页面；

（6）新增查询；

（7）勾选相关财产类型；

（8）单击查询，结束操作。

在该项目中，尧都区执行局首先希望能够快速部署和落地，尽快减轻执行法官工作负担，帮助执行法官提升办案效率。同时，财产查控需要通过 RPA 机器人打通办案系统和总对总查控系统两个系统间的数据，部署完成后，总对总财产查控工作全流程都通过 RPA 机器人完成。RPA 机器人作为非侵入式的手段，不仅能够满足快速落地的需求，且具备明显的成本优势。

从需求梳理、方案设计到落地实施，来也科技仅用 7 个工作日的时间就实现了 RPA 机器人自动登录系统、自动查询冻结被执行人财产等工作，同时还为相关业务人员提供了简单的 RPA 产品培训。

应用效果如下：

（1）查控组的执行法官每日工作量减少了 60%。

（2）查控组执行法官财产查看效率提升了 60%。

（3）财产查冻的准确率接近 100%。

尧都区人民法院执行局应用 UiBot 的 RPA 机器人，极大减轻了执行法官的工作压力，并提升了办案工作效率，赢得了执行申请人对人民法院的称赞以及人民法官的爱戴，也是对贯彻最高人民法院"基本解决执行难"工作的创新探索。

案例三：执检助手——基于 RPA 流程自动化的解决方案

（一）项目背景

2015 年 1 月经中央批准，最高人民检察院将"监所检察机构"统一更名为"刑事执行检察机构"，制定下发了《人民检察院办理减刑、假释案件规定》，明确检察机关对减刑假释案件逐案进行审查，实行统一案件管理和办案责任制。审查范围包括减刑假释案件法律文书和有关案件材料。

2016 年年底全国检察机关统一业务应用系统的执检子系统全面上线后，所有减刑、假释案件均需要在执检子系统录入、办理。执检子系统以案、以人为单位进行管理，需执检部门对每案、每人逐一进行录入、审查。各地在办理此项业务中，均存在批量移送、批量办理的情况，每批案件少则几十件，多则上百件，而这些案件又需要在短时间内完成录入、审查工作，给人民检察院执检部门工作人员带来大量的数据查找、录入工作。而这些数据，大部分已存在移送的相关法律文书中，确需借助帮手解决过程固化、操作重复、数据量大带来的问题。

（二）现状与需求

1. 现状

犯罪人员在服刑期间表现良好，确有悔改或有立功表现的，可获得减刑；在执行一定刑期之后，遵守监规，接受教育和改造，确有悔改表现，不再危害社会，监狱、执检、法院按照规定程序会附条件将其予以提前释放（假释）。

犯罪人员在服刑的执行期间给予减刑、假释时，监狱会向检察院送交该犯罪人员的提请减刑假释文书，不同地方的监狱会一个月或一个季度不定期向检察院批量送交一批提请减刑假释文书。

检察院执检部门收到文书后，需将每一位犯罪人员的提请减刑假释文书在检察院机关的统一业务应用系统的执检档案和审查档案信息中进行登录和审查。登录内容需从提请减刑假释文书中进行获取，填写前需根据犯罪人员唯一信息查询该犯罪人员本次收监是否存在执检档案记录，如存在则无须创建执检档案信息，如不存在则须根据提请减刑假释文书创建执检档案。对于已有执检档案，需根据提请减刑假释文书内容补充档案数据。每个犯罪人员的提请减刑假释信息将对应到统一业务系统执检档案信息，完成对应的每一个执检档案后再对审查信息进行录入，录入方式与执检档案信息大致相同，但数据信息不同。操作完成后，再进行分案和受理文书的生成，最终完成整个业务工作。

2. 痛点问题

监狱送交提请减刑假释文书往往是批量移送至检察院，每次移送的提请减刑假释法律文书较多，且办理周期短。各地检察院执检部门经常因工作量大、人员不足，向其他部门借调人手，帮忙处理提请减刑假释的材料，工作人员需根据执检业务办理流程的要求，将提请减刑假释法律文书中提供的信息填录到执检子系统的档案信息以及审查档案的数据项中。处理过程需要人工到文书中找出相关内容，再人工填录到指定系统中。批量移送数量较大，提取和填录工作量随之倍增，耗时费力，效率低下，亟待解决。

（三）解决方案

1. 基本思路

鉴于服刑人员基本信息、减刑假释提请情况、刑罚执行审查情况、判决情况等 30 余项待填数据都已存在于提请减刑、假释等法律文书（纸质）之中，该方案拟定对纸质法律文书进行扫描电子化、OCR 识别、NLP 提取和数据转换，然后采用 RPA 技术用机器人自动填录的方法，来帮助用户批量解决数据填录问题。

2. 处理流程

根据上述思路，整体处理流程划分为五大步骤，第一步对纸质提请减刑假释文书进行扫描电子化；第二步对电子化的文件进行文字识别、段落重组形成可识别文档；第三步对已重组的可识别文档采用 NLP 提取技术进行关键信息提取和转换；第四步采用预览确认界面对已提取数据进行审核修正；第五步是对审核数据进行 RPA 自动填录，从而完成整体工作。

第一步：文书电子化。收到监狱提交的提请减刑假释纸质材料后，由工作人员手工扫描文书，生成 300DPI 的彩色图片。

第二步：文字识别。由机器人集成的 OCR 文字识别引擎对文书图片进行文字自动识别,支持 JPG、PNG 等多种图像文件格式及支持 PDF 文件二次识别,识别结果可根据配置形成双层 PDF、Word、Excel 等多种输出结果。转换输出的文档内容格式与纸质材料保持一致。该方案的文字识别技术,针对政法行业较为特殊的讯问用语、讯问笔录下划线情况进行特殊优化,对文件中具备指纹、印章等浅污损情况进行优化,针对复杂表格情况、复印件不清晰情况、倾斜文本情况进行优化,提高识别准确率。文字识别工作与文书电子化同步进行,扫描完毕时,识别工作基本同步完毕。

第三步:文字提取。对生成的可识别文档及时交由机器人集成的 NLP 文字提取引擎自动提取、转换关键信息。可以将提请减刑假释文书中的人员信息、提请信息、处理信息分别提取,并针对结构化数据的属性进行格式转换,提取转换后的结果将提交给审核修正模块。

第四步:审核修正。由工作人员对提取信息进行简单核对,审核修正模块与执检子系统界面和数据校验规则一致,工作人员可以直接通过此界面查看数据项是否符合校验规则,从而进行修正工作,修正后确认的数据可直接进入统一软件执检子系统中,确保第五步的自动化正确执行。

第五步:自动填录。采用 RPA 技术自动完成具体的填录工作。操作员手工启动自动填录工作。RPA 机器人首先会判断当前统一软件状态,如没有运行,将启动统一软件并自动登录,然后再进入执检相关界面开始填录工作,如果已运行,会再判断当前界面情况,从而转入执检相关界面开始填录工作。第一个案件填录完毕后,机器人会自动完成该案的受理回执创建,并按流程提交审批。然后录入下一个案件,周而复始,直到最后一个案件录入完毕。

因此,对于工作人员操作而言,所要动手的仅有第一步扫描和第四步审核修正两个步骤,其他步骤自动执行,能够感知,无须操作,即可高效完成30 余项数据的填录工作。

3. 方案成效

在使用执检助手前，工作人员通常拿着每一份纸质的减刑假释文书查找每一个需要填录的数据项，找到数据内容后还需填录到统一业务系统的执检子系统每一个业务模块的数据项中，至少需要做两次填录，一份是执检档案基本信息材料，一份是审查档案基本信息，做完一份完整的减刑假释数据填录需耗时半小时以上，严重影响了办案效率。

通过使用文字识别、文字提取及自动填录技术的融汇结合，数据的分析及提取仅需短短的两三秒即可完成，工作人员仅需对分析提取出来的数据项进行核对即可，然后再通过 RPA 机器人填录技术把表单中的数据信息对应填录到统一软件减刑假释档案基本信息和审查档案基本信息中。

RPA 机器人流程自动化填录技术擅长完成重复性高、逻辑性强、数据继承关系紧密的工作，能够减少成本，降低错误率，释放工作人员压力。该方案将耗时半小时左右的工作量缩短到两三分钟，单个案件效率提升 30 倍，如果进行批量案件处理，效率提升有望达到 60 倍。从而大大减少了执检部门数据录入的工作量，减轻了工作强度。

（四）发展思路

目前任何人工智能技术均不能保证 100% 的识别准确率，因此该方案在识别提取后必须要做一步审核校正工作，而这一步审核校正工作又为 RPA 的顺利正确执行奠定了良好的基础。因此完全可以将识别提取、审核修正、自动填录形成统一的软件运行模式，根据业务场景不同装载不同的识别提取模块，根据数据的不同展示不同的审核修正界面，根据待自动填录系统不同执行不同的 RPA 脚本，这样既可以形成统筹设计，也可以适应重复性高、逻辑性强、数据继承关系紧密的不同的业务场景。从而实现软件总体框架不变，识别提取、审核修正、自动填录三个环节可方便进行自定义实施，为产品普及和实施工作奠定了良好的边界。

案例四：社区防疫登记难题　办证机器人来搞定

（一）建设背景

2020 年初，新型冠状病毒肺炎疫情爆发，社区是基层疫情防控的重要地带，守好社区大门就相当于守好了疫情防控的第一道关口。

根据厦门市疫情管控有关要求，疫情期间所有外地来厦人员需接受监督性医学观察（限居住地和公司两点间往返）14 天后，办理出入证，通过指定通道测量体温出入社区。西坂社区的做法是 14 天观察期内凭《监督性医学观察人员出入凭证》登记每日健康情况后进出社区，待 14 天观察期满，凭《监督性医学观察人员出入凭证》到社区居委会换取正式出入证。该办法的重点在于办证、换证，以及相关信息的电子化；难点是办证、换证手工填写，需要投入大量人力和时间（西坂社区每天至少需要 4 名工作人员从早上 7：00一直工作到 18：00）；疫情风险在于为获取正确信息，工作人员需要长时间与申请办证、换证人员反复沟通，而防护措施只有普通口罩，交叉感染概率高。

（二）建设目标

该项目通过 UiBot+ 吾来机器人作为社区自动办证机器人，能够快速完成外来人口信息采集与出入证办理。申请人扫码后根据机器人提示完成信息填报，机器人智能识别汇总生成报表，自动生成、打印《监督性医学观察人员出入凭证》，待14天隔离期满后，自动批量生成、打印正式的出入证，整个过程完全不需要人工干预，也不需要社区工作人员额外学习新技术，节省了人力并且进一步提升了效率。

（三）建设方案

综合运用 RPA、OCR、NLP 三大技术来生成智能工单，其中以应用 RPA 技术为主。用 RPA 模拟人类在计算机上的操作，按规则自动执行流程任务。

办证流程为（见图7.4）：

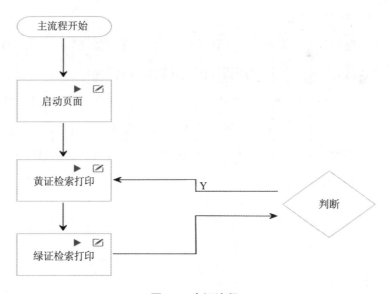

图 7.4　办证流程

（1）选择"我要办证"；

（2）上传身份证，识别；

（3）输入电话号码；

（4）输入现居住地；

（5）输入房东姓名；

（6）输入供职企业（可选"无"）；

（7）数据写入《西坂社区出入证信息表》，并在"备注"栏写入"Y"，然后，回复"您的申请已通过，请找社区工作人员办证"；

（8）结束对话，按格式实时打印《监督性医学观察人员出入凭证》（黄证）。

换证流程为：

（1）从选择"我要换证"开始，到询问企业负责人联系方式，都与选择"我要办证"后的流程相同；

（2）数据写入《西坂社区出入证信息表》，并在"备注"栏写入"G"，然后，回复"您的申请已通过，请找社区工作人员换证"。

（3）每天下午 17：00，请工作人员更换绿色 A4 纸，确认后自动按格式批量打印截至当天已满 14 天申请人的正式的出入证（绿证）。编号从 00001 开始（第二天编制续前一天），同时，打印当天的《绿色出入证编号表》。

RPA 工作流程如图 7.5 所示。

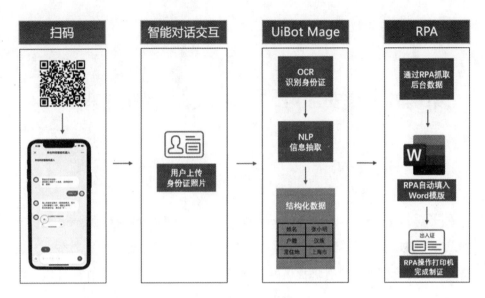

图 7.5　RPA 工作流程

（四）应用成效

厦门翔安区马巷镇西坂社区居委会的社区疫情防控办证机器人的上线，不仅"解放"了社区工作人员的双手，也让疫情防控更加精准、高效。而这一切成果背后，是防疫办证机器人助力社区疫情防控登记提速增效。

案例五：公安部门"一标三实"民生工程

（一）建设背景

"一标三实"是一项重要民生工程，与广大群众的切身利益息息相关。"一标三实"基础信息采集录入工作是推动公安工作信息化建设的重要举措，也是公安工作为创新社会管理提供的新路径之一。"一标三实"工作的开展一般是由公安部门主导，规范标准地址，将人口、房屋、单位的详细情况录入到公安信息系统、民政系统、应急系统，这就导致公安人员需要大量重复性地工作，而且往往会出现录入错误。

（二）建设目标

机器人将自动识别标准地址、实有房屋、实有单位等信息，并按照公安的规则进行校验后录入到公安信息系统、民政系统、应急系统。

（三）解决方案

"一标三实"应用基于智能应用引擎，从 DaaS 层资源库接入地址相关数据，进行一系列的清洗、拆分、融合、碰撞、匹配比对，建设符合标准的"标准地址库、实有人口库、实有房屋库、实有单位库""一标三实"基础数据库，同时通过机器人将过程中的存疑数据实现智能化派单等手段进行人工核实，并将核实的结果反馈给机器人，然后通过机器人面向各警种提供标准的数据和应用服务能力（见图7.6）。

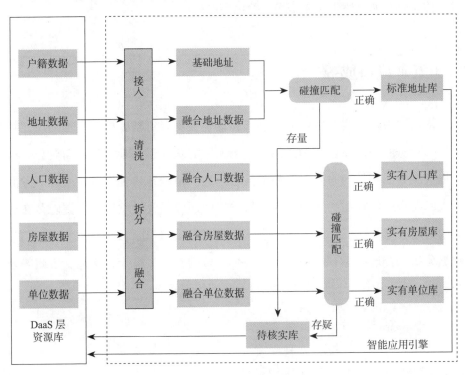

图7.6　"一标三实"RPA 流程图

（四）方案成效

通常情况下"一标三实"数据采集工作由民警、辅警、社会力量协同完成，根据辖区的情况逐户走访，可能存在户内情况不明、住户不在家等多种情况。运用 RPA 机器人，通过各种数据的融合碰撞，让数据"说话"，民警每天从系统获取需入户核验的信息条目，根据核验目标作息时间、行动轨迹，合理规划工作路线，清晰了解户内是否有重点人员、重点人员详细情况等，入户进行核验后反馈填充至"一标三实"应用的标准库中进入标准的进化体系，辅助模型进化调优，逐步提升数据的准确性。

（五）应用成效

依托"一标三实"应用的建立，公安机关可以对辖区内每一栋房屋，甚至每一套房屋都标注精确的经纬度，当人民群众处于危难之际或需要公安机关提供服务或帮助的时候，民警就能够迅速、精准地找到事发位置，一方面为人民群众提供精准细致的服务，另一方面还可以及时发现和掌握隐藏在群众中的违法犯罪分子，实行精准打击。同时政府部门也可以通过"一标三实"数据分析，合理统筹、规划、管理各个区域的教育、医疗、交通、市政等公共资源，让有限的资源最大化地满足每个市民的需求。

案例六：电子证照生成

（一）建设背景

证照是指行政机关和取得法定资质的第三方服务机构（以下统称证照形成单位）依法生成或出具的具有法律效力的各类批文、证件、执（牌）照、鉴定报告、证明材料等，以及公众向证照形成单位提交的各种申请文件及相关证明材料。目前，在政务事项办理过程中，存在大量纸质证照的提交和流转，不但浪费纸张资源，而且反复提交证照、人工查验证照信息，造成审批效率低下，给个人、企业办事带来诸多不便。

随着"互联网＋政务"的发展和深度融合，电子化成为证照的发展趋势。电子证照是证照的一种升级形式，是更高级的证明方式，用于办理与政务相关业务使用，随着技术的进步和改革创新，电子证照会在更多的使用场景上与实体证照有相同的使用效力。

某市将证照电子化作为"互联网＋政务服务"的基础性工作，在全市范围内开展电子证照项目建设，建成电子证照共享服务体系，为全市各部门提供存量证照数据转化生成电子证照服务，同时建立一套电子证照生成、应用的评估办法，完善相关管理制度，显著提升企业和市民办事过程中电子证照的应用占比，进一步推进"互联网＋政务服务"，不断提升网上政务服务水平和群众满意度。

（二）解决方案

存量电子证照生成是指在政务网上，通过电子证照生成系统采集并录入各部门整理的存量证照数据，通过电子证照生成系统生成电子证照并存储入库。

证照以纸质的方式存在，存在政府各部门档案室和各证照持有人手上。存在各部门档案室的，由工作人员联系相关部门，在协调、协商的基础上，采取拍照或扫描的方式，取得纸质证照扫描件图像，通过图片识别技术辅助人工核查和补录进行证照数据整理，填报相应表单信息，进行扫描件电子化。存在各证照持有人手上的，由持有人通过前端应用系统（如便民服务 App、微信公众号等）在管理和使用电子证照过程中，对缺失电子证照进行上传，对核验通过的扫描件图片，通过图片识别技术辅助人工核查和补录进行证照数据整理，填报相应表单信息，进行扫描件电子化。

为了减轻证照电子化重复、烦琐的人工操作，实施了政务机器人解决方案，机器人应用软件助力政务部门打通业务流程，极大提升了存量证照电子化的效率。政务机器人工作步骤如下：

（1）在默认路径实时检索证照扫描件；

（2）从图像中识别证照信息，生成结构化数据；

（3）登录电子证照生成系统，填写存量证照的结构化数据；

（4）核验证照数据，通过审批并生成电子签章；

（5）具有电子签章的证照存档。

政务机器人能够实时自动检查待电子化的证照扫描件，提取其中的证照图像，完成证照识别、数据结构化、信息输入，并自动发起电子签章审批，通过审批的电子证照自动进行归档。

（三）应用成效

（1）提升政府行政效率和协同能力，减少纸质材料的重复提交。

实现证照数据电文全网络、全流程的电子化闭环管理与利用，逐步减少纸质证照的使用，解决证照查验工作难的问题；解决社会公众反复提交纸质材料的顽疾，减少社会成本与资源浪费，减轻群众负担。

（2）提升存量证照电子化效率，实现流程自动化。

自动化实施后，存量证照电子化由政务机器人自主完成，工作人员只需负责将扫描后的证照图片保存到指定位置，后续将由政务机器人完成证照电子化操作，从机械的劳动工作者转变成了机器人的管理者，提高了政府部门人员配置的合理性和有效性，大大提升了存量证照电子化工作效率。

案例七：12345 平台

（一）建设背景

自 1999 年以来，全国各级政府陆续开通了 12345 政务服务热线，在解答政务咨询相关问题，办事指南查询，接受监督、投诉举报，了解民情民意等方面发挥了重要作用。与政务服务大厅、政务服务网站等其他政务服务渠道相比，12345 政务服务热线在求助的便捷性、沟通的充分性和诉求的有效性等方面具有自身独特的优势。现阶段，全国各地 12345 管理部门围绕加快转变政府职能、创新行政管理方式、提高政府公共服务水平等目标，形成"统一接收、按责转办、限时办结、统一督办、评价反馈、分析研判"的运行机制，一些先进地区（如杭州、苏州、南京、北京等地）开始尝试结合机器人、人工智能等技术手段打造智能咨询、智能受理、智能派单、智能回访等应用场景，让人民群众享受到更加优质、高效、便捷的服务。

某市 12345 便民服务平台通过网站、热线电话、电子邮件、微博、微信、手机 App 等受理渠道解决市民"咨询、投诉、建议、求助"四类诉求问题，为广大市民提供 365 天，7×24 小时、全天候的热线服务。12345 中心每天通过不同渠道受理群众诉求平均达到 1 万件，每年以 10%~20% 的增长率快速增长。随着群众诉求的不断增加、社会治理和城市管理对来自人民群众意见和建议重视的增强，12345 信息工作显现出不足，多渠道诉求信息整合、层层派单、派单中权责不清等问题降低了群众诉求处理效率，影响了市民体验，这些问题直接督促 12345 业务模式的创新与改进。

（二）建设目标

借助语音识别（ASR）、自然语音理解（NLP）、流程自动化机器人（RPA）等技术，打造智能受理、智能派单、智能回访等辅助系统，实现工单自动填写、自动分类与转派、实时受理及民调回访等功能，提升 12345 中心座席人员的工作效率。

（三）解决方案

1. 通话语音采集辅助

在市民来电接听过程中，实时将进行中的对话转换成文字展示给座席工作人员，让工作人员在与市民对话的过程中，节省打字的时间，并结合录音与工单绑定后留存，整体形成一个可满足即时查看又可满足于历史查询的录音文本库，让座席可以做到内容实时看、诉求不怕忘、历史方便查、填单有依据，大大提高工作效率。

2. 智能知识库推荐

座席工作人员与市民对话过程中，系统智能化知识库全面赋能座席，实时理解市民意图，自动推荐知识点，同时可以根据使用情况自行进行知识库的补充完善，解决传统知识库查询难、查询慢问题，让市民无等待，加强市民体验。在对话实时进行过程中，座席助手会通过关键词推荐算法、关联式知识点推荐算法等不同算法推荐出最适合座席在对话中需要使用的知识点。

3. 智能派单辅助

传统的派单过程中，人工派单至少需要 30 秒，如何提高派单效率就成了 12345 热线的难题。智能派单助手通过对历史工单进行机器学习，找到历史派单规则，在实际业务发生的时候，自动识别工单关键信息，通过预先定义的诉求工单归属规则自动推荐诉求处置单位，座席工作人员通过选择推荐单位完成派单工作，整个派单工作相对较为快速与准确，解放座席的时间，且通过智能化的派单，对后续工单的处理流程进行跟进，对工单的处理结果进行把控，从而极大提升了工单批转效率，减少了诉求件回退率。

（四）应用成效

通过引入政务机器人来替代高频、重复、时间长且附加值低的人工操作，12345 中心的工作效率与质量得到显著提升。群众诉求信息录入属于规范性重复工作，引入政务机器人可大大降低人力成本，释放人力至具有更高附加值的工作中；提升诉求件批转效率和质量，政务机器人基于工单批转规则自动进行派单，大大提高了工单批转的效率和质量。

案例八：上海市经济和信息化发展研究中心——项目专项资金页面内容获取

（一）建设背景

上海市经济和信息化发展研究中心主要承担上海市工业、信息化产业发展研究，产业经济运行分析，上海市吸收与创新专项资金的结算管理，以及智慧城市建设研究、推进等职责，是上海市经济和信息化委员会（以下简称"上海市经信委"）直属事业单位。

随着业务的扩展以及管理向精细化方向发展，目前内部办公、业务运营等领域存在大量的跨系统对接难、人工操作烦琐等痛点，使得员工不得不进行大量重复、低价值的劳动工作，如跨系统复制、数据比对、按固定步骤操作等机械事务工作，不仅耗费了大量的工作时间，还因为人员情绪问题，造成质量无法把控。

该项目以日常工作中最常见也最烦琐的任务——项目专项资金页面内容获取为试点，探索以 RPA（机器人流程自动化）为基础的解决方案在上海市经信委工作中的实际应用。

为了加强管理制度体系建设和流程再造，上海市经信委于 2019 年下半年启动专项资金项目管理与服务平台建设，按规范流程，对企业实施补贴的专项资金实行统一管理。由于系统目前尚不完善，某些数据无法自动批量导出，工作人员需逐条打开项目链接，手动拷贝、粘贴其中需要的字段信息，整理成 Excel 表格。当项目链接中有内容更新时，需再次打开链接，识别其中新增或修改的内容，更新 Excel 表格。有以下两个痛点。

（1）效率低下且工作附加值低：按平均统计，工作人员针对一个项目进行操作，每次约 12 分钟时间。除去休息及返工的时间，一天 8 小时完成 35~38 个项目的统计。效率低下且此项工作无技术含量，附加值很低，工作人员极不愿意做此类工作。

（2）容易出错：人工查询、判断、拷贝、粘贴，此类机械性的工作极易出现倦怠及其他负面情绪，错误率较高，需要重新返工，进一步降低了工作效率。

（二）项目目标

该项目将应用流程自动化技术，将固化、烦琐、重复的业务使用 RPA 机器人来自动化完成，以达到优化研究院工作流程、减少成本、提高工作效率、降低操作失误率的目标。

该项目须在无系统提供接口开发和后台访问权限的前提下，实现流程自动化。

此外，希望能通过对 RPA 技术的应用，能够解决如下业务痛点：

（1）初步解决业务运营管理与对口业务系统之间的断层问题，降低各类管理需求手工采集、加工的程度，实现科学量化管理的转型；

（2）大幅降低人工处理的工作量和人为原因风险，切实提高业务运营效率；

（3）同时，部门依靠 RPA 这种无接口不改造的技术实施工艺，有望在严格遵守该研究院安全策略和 IT 建设成果的基础上，以"短平快"的响应效率，积极应对业务部门的痛点需求。

（三）建设方案

在前期深入调研的基础上，引入 RPA 技术，开发自动化流程机器人。建设方案分为项目初始化及项目跟踪两个阶段。

（1）项目初始化：由上海市经信委需求部门提供所有新项目的链接，并形成 Excel 表格。初始化时，RPA 机器人自动遍历 Excel 表格中所有的项目链接，并获取其中需要的字段，自动更新到内部数据库。

（2）项目跟踪阶段，RPA 机器人每天或每周定时自动运行，获取已有项目链接页面中的新增内容，并自动更新至内部数据库中，同时自动发送邮件通知工作人员。

其流程如图 7.7 所示。

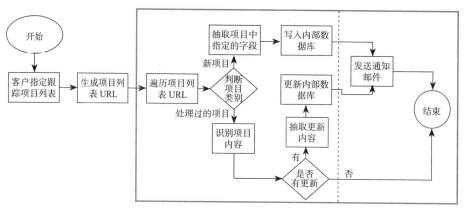

图 7.7　操作流程图

（四）应用成效

（1）效率提升：提升项目跟踪阶段工作效率，节约时间。从原本处理一个项目花费 12 分钟时间，缩短至 2 分钟，效率提升约 500%。且 RPA 机器人可在工作人员下班后自动执行，而不占用工作时间计算机资源。

（2）质量提升：项目实施后实现错误率为 0，无需进行检查和返工的工作。

案例九：上海徐汇区科创服务中心运用 RPA 技术赋能业务系统

（一）建设背景

徐汇区科技创新服务中心，是徐汇区科学技术委员会下属事业单位，其主要职能是服务于区域内科技企业、科技人才、科研院所、高等院校等各类创新主体，为其提供政策咨询、政策受理、科技人才服务等全方位的创新创业服务。

科创中心日常工作主要有区内企业基本信息的汇总整理、企业历年税收情况的整理、企业专项资金补助情况汇总整理、企业归属地的更新管理，各类项目申报的定期汇总统计、企业融资情况动态更新等。目前的业务系统无法完全满足工作人员的业务需求。

当前工作存在以下痛点：

（1）现有系统只支持单个企业信息查询，不支持批量企业查询导出功能；

（2）现有系统不支持按时间段导出项目申报表；

（3）现有系统不支持按格式生成各类文档；

（4）现有系统缺少企业动态信息；

（5）许多数据需要人工统计，费时费力。

（二）建设目标

应用 RPA 技术，实现各类数据自动采集、文档自动处理、数据自动统计等工作。补齐原有业务系统缺少的功能形态，助力打通系统间数据壁垒，提升系统数据能力，提高人员工作效率。

（三）建设方案

1. 自动汇总企业资助信息

根据业务需求制定表格模板，运用 RPA 程序自动查询并导出企业历年获得的资助信息，包括资金名称、项目名称、项目主管部门、资金数量等，形成结构化数据。生成数据可进行二次加工，也可导入相关业务系统。

2. 自动汇总整理历年企业税收数据

根据日常工作要求，不定期导出指定年份企业税收数据，包括各类税种明细、每月明细、年度小计等。表格格式可按业务需求灵活调整。数据可用于录入该科创中心数据中台进行深度应用。

3.申报项目定期汇总统计

根据项目申报统计要求，定期筛选指定时间段内的项目申报信息，并导出项目申报表，按技术开发、技术服务、技术咨询、技术转让四个类别自动统计合同数量与合同金额。

4.互联网采集企业融资情况

区内科创企业数量众多，融资情况又属于动态数据，需要不定期更新，而科创中心原有系统尚无此类数据源。

运用 RPA 技术自动从互联网搜索采集企业融资信息，包含融资年份、产品名称、融资轮次、融资金额、投资方等信息。

从互联网采集数据从而丰富自有数据库。

（四）建设成效

（1）打破信息壁垒，实现跨系统数据交流。

（2）提高工作效率，释放人力资源。

（3）提升工作正确率，减少返工。

案例十：EMS 小助手——基于 RPA 流程自动化的解决方案

（一）项目背景

执行法官在办案时，需要在案件管理系统、E 键送达平台、网格系统等多个系统上进行信息录入或操作系统。例如，深圳某法院，法官有 300 多人，每个法官每天新接执行案件多达 50 多件，同时需要跟踪处理的案件有 300 多件，每个法官每天平均开庭时间 4 小时。每个案件需要在案件管理系统上处理的步骤节点有十来个，每个节点需要在指定的时间内点亮（操作完的节点会由灰色变绿色），每个案件的节点是否在指定时间内点亮会还会作为法官的考核。

如何将法官从这些烦琐的事务中解放出来，去执行更高价值事务，优化整个法院基础流程作业，减少成本，提高效率，且确保案件进度的精准跟进，是当下需要思考的问题。

面对这样的问题，越来越多的企业和政府机构选择通过机器人流程自动化（RPA）来实现降低运营成本，提高工作效率，并从机器人流程自动化开始，由"数字原生"推向"数字智能"。随着人工智能等前沿技术的发展，传统业务和管理模式也面临着变革，如何利用这些技术切实提升运营效率成为亟需考虑的问题。

（二）现状与需求

1. 现状

在每个执行案件中，会涉及一个或多个被执行人，当案件处于传唤阶段时，需要给必须到庭的被执行人寄送传票、文书，通知该被执行人出庭。寄送传票和文书时，法官会使用一个叫"E键送达平台"的系统，在这个系统上面填入案号，然后系统会带出这个案号对应的所有执行人与被执行人，选择需要传唤的人，勾选需要寄送的文书，然后法官会对选中的每个人补充完整的寄送地址，因为上交的联系地址有90%都没有按照标准地址样式提供，因此需要法官把地址补充完整，系统才能识别出地址并生成EMS配送单。

2. 痛点问题

传唤阶段，法官操作"E键送达平台"给需要到庭的人员寄送文书、传票时，因寄送人员的地址提供得不标准，必须依靠法官来补充地址。很多情况下，需要多人出庭，而很多地址省略了省或者市，或只提供了区或县级地址，法官补全这些地址难度比较大，而且还要费时来查找这些区县是对应哪个省市的。

（三）解决方案

1. 基本思路

为了解决以上问题，EMS小助手（见图7.8）通过自然语言处理技术对每个传唤人的地址进行内容分析及提取，最终补全地址信息，并形成标准的地址格式，再用 RPA 自动填录到系统并提交 EMS 发送。从而大大减少了法官检索地址的工作量，减少了不必要的人力成本，降低了工作强度，释放了工作人力。

2. 处理流程

EMS 小助手对于给传唤人寄送文书的全过程如下：

第一步：获取案号。在案件管理系统中，获取节点在传唤阶段的所有案号和该案号下需要被传唤的人员名单。

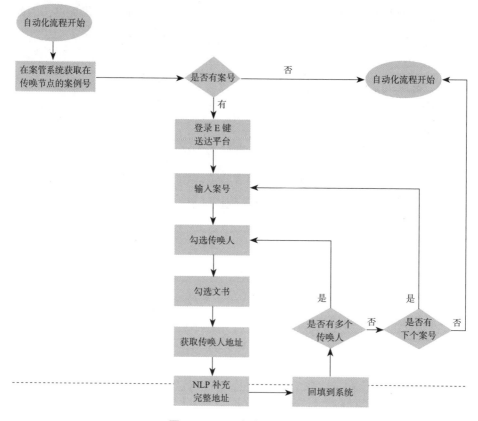

图 7.8　EMS 小助手流程图

第二步：操作"E 键送达平台"。登录"E 键送达平台"，录入案号，之后系统会显示该案号下的所有被执行人和执行人信息，RPA 根据在案管系统中获得的信息，自动勾选传唤人员，自动勾选需要寄送的文书。

第三步：NLP 自然语言处理。RPA 在"E 键送达平台"中，获取每个传唤人员的地址，并调用 NLP 自然语言理解，把地址补充为标准的地址。

第四步：自动填录。转换为标准地址之后，RPA 自动把地址录入系统中，并提交 EMS 发送。

3. 方案成效

在使用 EMS 小助手前，工作人员通常根据传唤人提供的地址，在搜索引擎上查找该地址对应的标准地址，包含省市区县的地址信息。按每个案子平均 4 个传唤人计算（有些案子涉及几百人），一个案子就需要花 10 分钟来整理地址信息并提起 EMS 发送，每个法官每天进行传唤的案子大概有 20 个，这样，单在传唤这个节点上花的时间就要 3 个多小时，还没计算在其他十来个节点上的操作时间，严重影响了办案效率。

通过使用自然语言理解以及自动填录技术，现在仅需短短的三四秒即可完成一个传唤人的地址转换，大大提升了法官的执行效率。

通过 EMS 小助手来完成烦琐又枯燥的工作，将耗时 3 小时左右的工作量缩短到五六分钟，单个案件效率提升了 37 倍，如果进行批量案件处理，效率提升有望达到 60 倍。

（四）发展思路

RPA 机器人流程自动化可以完美地取代人力的投入，高效完成重复性高但却有逻辑性的工作。机器人流程自动化是一种新兴的软件工具，使用诸如自动化软件的技术来模拟流程的步骤，而不会影响现有的 IT 基础设施，以加快后台任务，包括数据输入，在线访问凭据的创建，或需要访问多个系统的进程。目前该技术为法院人员大大地提高了办案效率，后期还可将文字识别、文字提取以及自动填录技术应用到检察院、公安等单位的业务部门或重复性高但却有逻辑性的工作岗位中，为政法行业提升用户办公、办案效率。

参考文献

[1] 陈虎，孙彦丛，赵旖旎，等. 财务机器人——RPA 的财务应用 [M]. 北京：中国财政经济出版社，2018.

[2] 王友奎，张楠，赵雪娇. 政务服务中的智能问答机器人：现状、机理和关键支撑 [J]. 电子政务，2020（2）.

[3] 褚瑞，袁志坚. 机器人流程自动化（RPA）UiBot 开发者认证教程 [M]. 北京：电子工业出版社，2020.

[4] 赵涛，马长俊. 数字政府建设的几个原则 [EB/OL]. http：//www.zgzcinfo.cn/thestudy/show-18434.html，2019-6-3.

[5] 张会平. 深入推进数字政府建设的四个"有利于" [EB/OL]. https：//baijiahao.baidu.com/s?id=1653056398383139745，2019-12-16.

[6] 高建华. 建设数字政府 提升治理水平 [EB/OL]. http：//www.shanxi.gov.cn/ztjj/jj2020sxlh/wzsx/202001/t20200117_761330.shtml，2020-1-17.

[7] 朱锐勋. 数字政府建设的五大趋势 [EB/OL]. http：//www.ynce.gov.cn/content.aspx?id=547846778740，2019-9-13.

[8] 逯峰. 整体政府理念下的"数字政府" [J]. 中国领导科学，2019，11.

[9] 朱玮 . 关于数字政府 2.0 总体架构的思考 [EB/OL]. http：//www.databanker.cn/ thrilling/272629.html，2020-1-20.

[10] 郑爱军 . 数字政府 2.0 白皮书 [EB/OL]. https：//www.360kuai.com/pc/95172a18dacfdd92 f?cota=4&kuai_so=1&tj_url=so_rec&sign=360_57c3bbd1&refer_scene=so_1，2020-1-7.